Kawabata Yasunari　かわばたやすなり

[日]川端康成 著　谭晶华 译

目录

千鹤

千　鹤

一

菊治已进了镰仓圆觉寺的院子里，却还在犹豫要不要去参加茶会。时间倒是晚了。

栗本近子每次在圆觉寺后院的茶室里举办茶会，总会邀请菊治。但自从父亲谢世之后，他一次也不曾来过。他觉得那不过是看着先父的情面而已，所以并不将其当作一回事。

然而，这一次的请柬上却多出了一句附言，请他来见一位小姐，她是师从近子学习茶道的女弟子。

读着请柬，菊治忽然想起近子身上的那块痣。

大概是菊治八九岁时，父亲带他去近子家，看到她坐在起居室里，敞露着胸脯，正在用小剪刀剪痣上的毛。那块痣长在左侧乳房的半边上，直到心口，有巴掌那么大。黑紫色的痣上好像长了些许毛，近子正拿着剪刀在剪除它们。

“哟，少爷也和您一起来啦？”

近子有些吃惊，一把拉上衣襟，但她似乎觉得如此慌张地掩饰会更显尴尬，便将膝盖挪了过去，慢慢地把衣襟掖进了腰带里。

看来她不是因为看到了父亲，而是看到了菊治才感到惊慌的。是女佣到大门口开的门，近子理应知道来者是菊治的父亲。

父亲没有进起居室，而是坐到了隔壁的房间，那是个客厅，也作为练习茶道的场所。

父亲看着挂在壁龛上的画作，漫不经心地说：

“上杯茶吧。”

“好的。”

嘴上这样应着，却不见近子马上起身。

菊治还看见她腿上搁了一张报纸，上面掉着一些毛，像男人的胡须。

虽是白天，老鼠照样在天花板上闹腾。靠近廊檐的地方，桃花已经盛开了。

近子坐到炉边沏茶时，依然有点魂不守舍。

之后过了十几天，菊治听见母亲像披露什么惊天秘密似的告诉父亲，近子是因为胸前有一块痣才不嫁人的。母亲以为父亲还不知情，好像对近子相当同情，露出一副十分怜惜的表情。

“哦，哦。”父亲故作惊讶地附和着，“但那块痣让丈夫看见又没什么关系，只要婚前说清楚就行了。”

“我也是这么对她说的。但一个女人，胸口上有块大痣，怎么能讲得出口啊。”

“她又不是什么年轻的姑娘！”

“毕竟不好开口呀。要是你们男人，结婚后被发现了，倒可以一笑了之。”

“这么说，她让你看那块痣啦？”

“说什么呀。瞧你说的。”

“那她不过是说说而已。”

“今天去学点茶，随意闲聊……最后她忍不住就说了。”

父亲不再吱声。

“即便结了婚，也不知道男人会怎么想呢。”

“怕是会嫌恶，心里不舒服吧。不过，也有人把这隐私当成情趣，感到魅惑也说不定。有了这个短处，说不定会引出别的长处呢。再说，这也不是什么大不了的缺陷。”

“我也安慰她说，这算不上什么缺陷。可是她说，要不得的是它长在乳房上。”

“嗯。”

“还说一想到有了孩子要喂奶，心里就十分难受。即使丈夫无所谓，为了孩子也……”

“乳房上长痣就没有奶水了吗?”

“倒也不是……她的意思是说，喂奶时让孩子看见，心里会不好受吧。我倒是没有想到那一点，但设身处地想想，难免会产生各种想法。孩子一生下来就要吸奶，从他眼睛能看到东西的那一天起，就会看到母亲乳房上那块难看的痣。孩子对这个世界的第一印象，对母亲的第一印象，不就是乳房上那块丑陋的痣嘛！……那深刻的印象会缠住孩子一生吧。”

“嗯。不过，她是多虑了吧！”

“可不是嘛。也可以用牛奶养育，请个奶妈什么的！”

“即使有块痣，只要有奶水，不就得了。”

“那可不行。听她那么说，我眼泪都要出来了。心里想，言之有理啊。就拿我家的菊治来说，我可不愿意让他吸吮那种长着痣的乳房。”

“那倒也是。”

见父亲佯装不知，菊治心里的气就不打一处来。明知我看见过近子胸前的痣，父亲竟全然不把自己放在眼里。菊治不由得嫌恶起父亲。

然而，在近二十年后的今天，回想起这件事，菊治的内心未尝不感到苦笑，想必父亲当时也相当地尴尬，不知如何是好。

菊治长到十几岁时，还会常常想起母亲当时说的话，想到万一有个同父异母的弟弟或妹妹，吸着那块长有黑痣的乳房，那才叫人不安啊。

他不仅害怕异母的弟弟或妹妹出生，还恐惧吃过那种奶的孩子。菊治总觉得，吸着一大块痣上长毛的乳房，那种孩子会像某种恶魔一般可怕。

幸好，近子没有生孩子。若是往坏里想，或许是父亲不让她生。他甚至可能拿母亲流泪说着有关痣和孩子的那些话为借口，让近子断念。总之，在父亲的生前和死后，近子都没有生过孩子。

和父亲同去的菊治见到那块痣后不久，近子便上门向菊治的母亲说起了这桩隐私，她大概是想在菊治告诉母亲之前讲出来，以争取主动吧。

近子始终没有结婚，莫非就是那块痣决定了她的一生？

不过，话分两头说，因为那块痣的印象始终未能从菊治的心中消除，所以很难说这同他的命运毫无关联。

当近子借用开茶会的名义，请他去和其女弟子相亲时，菊治眼前首先浮现的就是那块痣。他蓦然想到：近子介绍的，难道就是个肌肤光洁无瑕的小姐吗？

菊治甚至还这样胡思乱想：近子胸前的痣，父亲的手指就没有揉捏过？或许父亲还啃咬过吧。

此刻，寺院的小山上小鸟鸣啭。菊治一边走着，一边在脑海里掠过了那些邪念。

看到那块痣两三年后，不知为什么，近子越来越男性化了。而现在，她完全变成了不男不女的中性。

现在，近子大概正麻利地招待宾客，而她那长痣的乳房或许已经干瘪了。想到这儿，菊治刚要舒心一笑，只见两位小姐从后面匆匆赶来。

菊治站在一旁让路，问道：

“栗本师傅的茶会，是顺着这条道往里走吗？”

“是的。”

两位小姐同时回答。

这条路不用问，他也清楚。从两位小姐的穿着打扮，就可以判定她们是去茶会的。菊治这么问，只是为了让自己下定决心。

其中一位真是美极了，手中拿着桃红的绉绸包袱，上面绘着白鹤千只。

二

就在两位小姐进茶室之前换布袜子时，菊治也到了。

从她俩身后朝里望去，房间似乎有八铺席大小，客人们膝盖贴着膝盖坐着，都穿着艳丽的和服。

近子眼尖，一眼看到了菊治，立马站起了身。

“哟，请进，我的稀客！欢迎光临，就从那儿进来吧，没关系的。”

她用手指着靠近壁龛的纸槅门。

屋里的女客几乎都转头望向了菊治，菊治的脸红了。

“全是女客吗？”

“是的。男宾也来过，不过又回去了。现在你可是万绿丛中一点红呢！”

“我可不是什么‘红’。”

“菊治少爷有当‘红’的资格，没问题！”

菊治摆摆手，示意要绕到另一扇门进来。

那位小姐把一路穿来的布袜子塞进绘有千鹤的包袱里，彬彬有礼地直起身，给菊治让路。

菊治走进了隔壁的房间，只见里面散乱地放着点心盒、送上门的茶具盒和客人们的物品。后面附设的茶室厨房里，女佣正在洗着什么。

近子走了进来，在菊治跟前跪坐。

“怎么样？那位小姐不错吧！”

“是拿着千鹤包袱的那一位吗？”

“包袱？这我倒没有注意。就是现在站在那边最漂亮的那位。她是稻村先生的千金啊！”

菊治不置可否地点了点头。

“真怪，你怎么注意到人家的包袱了？看来我可不能小看你呀。我还以为你们是一起来的呢！还在惊叹你周到的安排。”

“别瞎说。”

“半路相遇也算是一种缘分啊。令尊也认识稻村先生的。”

“是吗？”

“她家早先是在横滨开生丝行的。今天的事，我没对她说过，你尽管放心地好好瞧瞧！”

近子的音量不低，菊治生怕只隔着一道纸槅门，会被隔壁的人听见。正尴尬无语之时，近子忽然把脸凑了过来。

“不过，有件事倒叫人觉得挺难办。”她压低了嗓门儿，“太田夫人来了，她女儿也跟着来了。”

她一边观察着菊治的脸色，一边接着往下说：

“我今天没有请她们……可是，像这样的茶会，任何过路人都能进来，刚才就有两伙美国人进来了。真是不好意思，太田听说有茶会就跑了进来，我也没法子。当然，你的事情，她们谁也不知道。”

“原本今天我也……”

菊治想说，自己也并未想来相亲，但咽喉处好像堵塞了，这话没能说出口。

“该难为情的应该是太田夫人。你只要做出一副若无其事的样子就行了。”

近子的这番话让菊治听了有点恼火。

栗本近子与父亲的交往时间不长，关系也不深。在父亲去世之前，近子常常出入菊治家，是个乐意帮忙的女人。不仅在开茶会的日子，而且平日里串门做客也总去厨房里帮忙。

自从她变得有些男性化之后，母亲觉得再嫉妒她就显得滑稽了，只能苦笑。母亲后来肯定是猜到了父亲看过近子胸前的痣，可那时已事过境迁，近子也像没那回事一样，轻松地待在母亲身边。

不知从什么时候起，菊治对近子的态度变轻慢了，仿佛唯有任着性子顶撞她，方能冲淡打幼年起令其苦闷的嫌恶。

无论是近子变得男性化，还是她成了菊治家的得力帮手，或许皆出于她的生存之道。

仰仗着菊治家，近子作为茶道师也取得了小小的成功。

父亲去世之后，菊治每次想到近子只是与父亲虚幻地相好过一阵子，便完全扼杀了自己作为一个女人的本能，就会对她生出一缕同情。

母亲之所以不对近子抱有敌意，多半也是因为被太田夫人的事牵制住了。

菊治父亲与太田是茶友。太田死后，父亲负责处理太田的茶道用具，遂与太田的遗孀有了交往，变得亲近起来。

最早给母亲通风报信的人就是近子。

近子理所当然地站在了母亲一边。只是她有些过分，不仅跟踪父亲，父亲到哪儿她就到哪儿，还不时跑到太田的遗孀那儿数落一番，好似在喷发心底的妒火。

母亲生性内敛，见近子多管闲事，简直吓坏了，怕在外面丢了面子。

近子有时会当着菊治的面说太田夫人的坏话。母亲不乐意，她却说也该让菊治听听了。

“上次我去她家，狠狠地训了她。大概是被她的孩子听见了，隔壁屋里忽然传来了饮泣声。”

“是个女孩吗？”

母亲皱起了眉头。

“是啊。说是有十二岁了。太田夫人的脑子大概缺根弦吧。我以为她会骂上孩子一顿，没想到她特地跑去把孩子抱过来，让孩子坐在她的膝盖上。当着我的面，母女俩演了场哭戏呢！”

"那孩子也可怜的。"

"所以嘛，这气该出在那孩子的头上。她对她妈的事是一清二楚的。不过，那孩子长着一张圆圆的脸，倒是讨人喜欢的。"

说着，近子看了看菊治。

"菊治少爷也要规劝一下老爷嘛。"

"请你别再这样到处讲人坏话了。"终于连母亲都忍不住要责备她了。

"夫人，你把这些不愉快的事都藏在心里可不好。要打定主意全都抖出来啊。你那么消瘦，可她呢，长得又白又胖的，尽管可能是因为脑子缺根弦，她以为只要装出可怜的样子哭上一通就可没事了……她接待老爷的那间客厅里，还一本正经地挂着她那死去的老公的相片，老爷居然能一声不吭地待得下去！"

之前被近子说得如此不堪的太田夫人，在菊治父亲去世后，竟还带着女儿前来参加近子主持的茶会。

菊治不禁感到了一身的寒意。

就算如近子所说，今天没请太田夫人前来，但从表面上看，近子与太田夫人在父亲死后仍有交往，这让菊治感到有点意外。或许太田夫人想带女儿来学茶道吧。

"要是你介意，我就请太田夫人先回去。"

说完，近子看着菊治的眼睛。

“我倒不介意。要是她自己想先回去，那就请便。”

“她要是有那么明白事理，你的父亲母亲就不用那么为难了。”

“她女儿也一起来了吗？”

菊治还没见过太田遗孀的女儿。

他觉得当着太田夫人的面，自己与那位拿着千鹤包袱的小姐相见实在不合适，更不愿意在这样的场合与太田小姐初次见面。

可是，近子仍在耳边喋喋不休，弄得菊治心烦不已。

“总之，她们都知道我来了，要躲也躲不了。”说着，他便站起了身。

菊治从靠近壁龛的那头走进茶室，在门首的上座坐下。

近子紧随而来，郑重其事地介绍道：

“这一位是三谷少爷，三谷先生的公子。”

菊治再次施礼，一抬头便看到了屋里的各位小姐。

他多少有点儿局促。和服艳丽的色彩让他一时间连一张脸也没看清楚。

等定下神细看，菊治才发现太田夫人正坐在自己的对面。

“啊！”

太田夫人不觉惊叫起来，在座的人全都听到了。那声音相当率直、有情。她接着又说：

“真是久违了！”

她又轻轻扯了扯身旁女儿的袖子，示意她打个招呼。小姐显得颇为窘迫，涨红了脸，点了点头。

菊治实在是感到意外。从太田夫人的态度里，他看不出一丝一毫的敌意和恶感，反倒显得情义亲密。与菊治的不期而遇使她惊喜，甚至当着众人的面有点忘了自己的身份。

她的女儿却始终低垂着头。

等意识到时，夫人的脸颊不禁红了。她像是要挨近菊治似的，眼睛直直地盯着他，仿佛有许多话要说。

“你还在学习茶道吗？”

“不，我一直都没学过。”

“是吗？府上可是个茶道世家呀！”

夫人似乎有点儿伤感，眼睛居然湿润了。

自从父亲的告别仪式结束后，菊治就再也没见过太田的遗孀。

与四年前相比，她几乎没有什么变化。

与之前一样，白皙修长的颈项下面有着不甚相称的圆肩，体态要比实际年龄显得后生些。与她的大眼睛相比，鼻子和嘴巴显得小巧玲珑。细看之下又觉得那鼻子模样周正，招人喜爱。她说话时，下唇略有上翘。

女儿继承了母亲的血统，也是颈项颀长、肩膀圆润。她的嘴巴比母亲的大，紧紧地抿着。与之相比，母亲的嘴更显小了，令人觉得可笑。

小姐的那双黑眼眸比母亲的要大，略带几分悲哀。

近子看了看炉子里的炭火，说道：

“稻村小姐，敬三谷少爷一杯好吗？你还没有点过茶吧？”

“嗯。”

拿着千鹤包袱的小姐起身走来。

菊治清楚，这位稻村小姐就坐在太田夫人的近旁。

但因为眼前是太田母女，他便尽量地避免去看稻村小姐。

近子请稻村小姐点茶，或许是故意让菊治好好看看吧。

稻村小姐跪坐在茶釜跟前，转头问近子：

“用哪一只茶碗呢？”

“哦，就用那只织部瓷的茶碗吧。”近子说，“那是三谷少爷的父亲送给我留念的，他生前就喜欢用那只茶碗。”

菊治倒还记得放在稻村小姐面前的茶碗。父亲肯定是用过的，但那是太田的遗孀转赠给他的。

亡夫珍爱的东西，由菊治的父亲交到近子手中，今天又出现在茶会上。太田夫人见到后会作何感想呢？

菊治对近子的迟钝十分惊讶。

但要说到感觉迟钝，太田夫人又何尝不是呢？

正在点茶的稻村小姐，与有着过往种种纠葛的中年女子相比，在菊治的眼中更显洁净、娟秀了。

三

近子想让菊治好好看看拿着千鹤包袱的小姐，恐怕小姐本人还一无所知呢。

她落落大方地点好茶，送到菊治跟前。

菊治饮茶完毕，瞅了瞅茶碗。这是一只黑织部瓷的茶碗，正面的白釉上绘有黑色的蕨菜嫩芽。

“你还有印象吧？”近子劈头问道。

“嗯。”

菊治含混地应了一句，放下茶碗。

“蕨菜的嫩芽最能体现山中的情趣，尤其适合早春时节的茶会。令尊当年就用过它。这个时节拿出来，虽然有些晚了，但给菊治少爷用是再合适不过了。”

“不，其实它在家父手上只作了短暂的停留，相对茶碗本身的历史而言，算不了什么。这只茶碗是桃山时代的利休[1]传下来的吧？数百年间，被无数茶道家珍爱相传，家父他又算得上什么！”

菊治说道，试图忘却这只茶碗的种种因缘。

这只茶碗由太田传给他的遗孀，又由他夫人转给菊治的父亲，再从菊治的父亲转到近子手中。如今，太田和菊治的父亲这两个男人均已过世，而太田夫人和近子这两个女人却在这里。仅此一点，即可说明这只茶碗的命运足够奇妙了。

现在，这只古老的茶碗，依然被太田夫人、太田小姐、近子、稻村小姐和其他小姐的嘴唇触碰、纤手抚摸。

“请让我也用这只茶碗喝上一杯吧，刚才用的是别的茶碗。”太田夫人有些唐突地说道。

菊治感到惊异：她是过分迟钝，还是不知羞耻？

太田小姐低头不语，让菊治觉得她甚是可怜，不忍打量。

稻村小姐为太田夫人点了一杯茶。在座的人都注视着她。她并不知晓这只织部瓷碗的因缘，只是按照所学的规矩在做罢了。

1 即千利休（1522—1591），日本安土桃山时代的茶人。千家流茶道的创始者。堺人，法名宗易，后改不审庵。天正十三年（1585）正亲町天皇授予利休号，确立起天下第一的地位。后因触怒丰臣秀吉而切腹自杀。

她的点茶手法质朴，姿势端正，从前胸到膝盖，看上去气度高雅。

嫩叶的影子映现在她身后的格子门上。她身穿华美的和服，脊背和衣袖都反射出柔和的光泽，一头秀发也显得乌黑发亮。

作为茶室，这间屋子太光亮了一些，但稻村小姐经这么一衬托，更显青春勃发。适合姑娘用的红色小方绸巾，在她手中不但不显俗气，反而给人以娇嫩艳丽之感，好似盛开着的一朵花。

她的周边仿佛有千百只小巧的白鹤在飞舞。

太田夫人把织部瓷茶碗托在手心上，说：

“黑碗盛着绿茶，宛如春天萌发绿意。”她到底没说出这碗曾是自己的亡夫之物。

接下来，照例是观赏茶具。年轻的小姐们并不了解茶具的由来，基本上是在听近子的讲解。

净水罐和茶勺原先都是菊治父亲的东西，但近子和菊治都没有提起。

看着小姐们纷纷起身回家后，菊治坐了下来。这时，太田夫人来到他的身旁。

“刚才真是失礼了，你大概生气了吧。可是，我一见到你，就觉得格外亲切……”

“嗯。”

“如今你已是仪表堂堂的青年了。”

夫人的眼睛似乎湿润了。

“对了，令堂也……本想着前去吊唁，最终还是没去成。”

菊治露出不悦的表情。

“令尊和令堂相继谢世……想必你很孤单吧？”

“嗯。”

“还不回家吗？”

“嗯，再等一会儿。”

“等有机会，有些事情要告诉你。”

这时，近子在隔壁嚷嚷道：

“菊治少爷！”

太田夫人这才不舍地站起身。太田小姐早就等在院子里了。

母女二人向菊治鞠躬后就走了。小姐的眼神似乎在倾诉着什么。

隔壁的屋里，近子正与两三名亲近的弟子和女佣一起拾掇物品。

“太田夫人跟你说了些什么？”

“没说什么……”

“对她，你可得留几分心眼儿，表面上一副老实相，谁知道她心里在想些什么！”

“可是，她不是常来你的茶会吗？从什么时候开始的？”菊治忍不住嘲讽道。他朝门口走去，仿佛要逃离这里恶毒的氛围。

近子紧跟在身后，说：

“怎么样，那位小姐不错吧？”

“挺不错的。不过，要是你和太田夫人不在，也不是在父亲阴魂徘徊的地方见到她，那就更好了。”

“何必那么在意？太田夫人和稻村小姐可毫无关联。”

“我只觉得对不住那位小姐。”

“有什么好对不住的？要是因为太田夫人，你有点介意，那我给你赔个不是。我今天并没有请她。稻村小姐的事，希望你考虑一下。”

“我今天就先告辞了。”

菊治停下脚步。他要是边走边说，近子会紧跟不舍的。

终于只剩下他一个人了，菊治看到眼前的山脚下布满了杜鹃的花蕾，深深地吸了一口气。

因为近子的一封信就应邀而来，他对这样的自己感到嫌恶。不过，那拿着千鹤包袱的姑娘倒是给他留下了深刻的印象。

在茶会上同时遇见先父的两个女人，竟不觉得郁闷，或许也是那位小姐在场的缘故。

然而，想到那两位与父亲相好的女人都活着，而母亲却已过世，菊治心中还是愤然不已。这时，他眼前浮现出了近子胸前那块丑陋的黑痣。

晚风从新叶间吹来，菊治脱下帽子，慢慢地走着。

他远远地看见太田夫人站在山门的阴影下。

菊治本能地想绕道避开，便环视四周，见到左右各有一座小山，只要登山而上，就可以不用经过山门了。

但菊治还是朝着山门走去，板起了面孔。

太田夫人看到菊治反而迎上前来，脸上一片绯红。

“我很想再见你一面，所以在这儿等着。或许你会觉得我是个厚颜的女人，可要是就这样回去，我总觉得……再说，下次又不知何时才能见面。”

“小姐呢？”

“文子先回去了，和她的朋友一起。”

“这么说来，小姐知道你在等我？”菊治问。

“是的。”太田夫人答道，看着菊治的脸。

“她没有感到不高兴吗？刚才在茶会上，她好像并不乐意见到我，真是对不起。”

菊治的话听上去委婉，其实颇为露骨。

夫人却坦然地说：“那孩子见到你，心里肯定不好过。”

“大概家父曾经使她太过难堪吧？”

菊治的意思是，就像太田夫人让她难堪一样。

“不是那样的。你父亲挺疼爱文子的。那些事情，等有时间再慢慢告诉你。一开始，你父亲待她好，她对你父亲却一点儿也不亲近。到了战争快结束的时候，空袭越来越多，也不知道她是怎么感觉的，态度全然变了。对你的父亲，那孩子总想着尽点心意。说是尽点心意，一个女孩子能做的，不过是为你父亲买只鸡呀、弄点小菜。但她很努力，甚至全然不顾危险。在空袭的时候，还跑到老远处去买米……她这种突然的转变，连你父亲也觉得惊异。看到女儿像变了一人，我既难受又心疼，就像自己受到了责备。”

菊治这才知道，原来母亲和自己都接受过小姐的恩惠。那时候，父亲不时会出人意料地带一些礼物回家，原来是太田小姐买的。

“连我也搞不明白女儿这种突然的变化，也许是想到我随时都有可能丧命，她可怜我，才这样努力地好好待我和你的父亲。”

当时的战事败局已定，小姐清楚地看到自己的母亲忘记了一切，沉溺于与菊治父亲的情爱中。现实的生活日益严酷，她不得不抛弃对亡父过去的记忆，认真地看待现实中的母亲。

“你刚才发现文子手指上的戒指了吗?”

“没有。”

“那是你父亲送的。你父亲来我这儿的时候,遇到警报拉响,便会赶着回家。文子每次都要去送他,怎么劝也不听,怕他一个人回去有危险。有一天,她送你父亲回家,却没见她回来,我心里就想,她若是在府上住一晚也还好,就怕两人都死在了路上。文子第二天早晨才回来,一问才知道,她送到府上大门口便折回家,半路在一个防空壕里待到了天亮。你父亲再来的时候,便对她说‘文子,上次太谢谢你了’,把那只戒指送给了她。那孩子是不好意思让你看见戒指吧。”

菊治听着,嫌恶感不打一处来。奇怪的是,太田夫人竟以为这些能博得菊治的同情。

对太田夫人,菊治并没有明确的憎恨或需要特别加以提防之处,她自有温柔得令人放下心来的本领。

文子如此尽心地照料她,或许也是因为她不忍看到母亲的可怜吧。

菊治觉得,太田夫人虽然讲的是女儿的往事,但其实是在谈论自己的情感。

夫人想把心中的话全部倾吐出来。但对于说话的对象,说得极端一点,她似乎已搞不清是菊治父亲还是菊治了。

她跟菊治说话，也像在与他父亲说话那样亲昵。

以前和母亲在一起时对太田夫人抱有的敌意，虽然还未完全消解，却已经大为减轻，甚至觉得自己就是这个女人所爱的父亲。不知不觉之间，菊治产生了早就与这女人相当亲密的错觉。

菊治知道，父亲很快就与近子分了手，可是与这个女人倒是至死都保持着关系。他猜想，近子一定常欺负太田夫人，心里冒出一个多少有些残忍的心思，也想随意捉弄一下她。

“你常去栗本的茶会吗？以前你不是老受到她的欺负吗？”菊治说。

“是的……令尊去世后，她给我来信，说是挺怀念令尊的，觉得很寂寞，所以我就去了。”说着，夫人低下了头。

“令爱也和你一起去吗？”

“文子好像挺不情愿陪我去的。”

他们跨过铁道线，经过北镰仓车站，朝着与圆觉寺相反方向的山边走去。

四

太田遗孀至少有四十五岁了，差不多要比菊治大上近二十岁。但菊治完全忘记了她已有一把年纪，仿佛拥抱着的是一个比自己还年轻的女子。

夫人凭着丰富的经验，让两人都领略到了那份快乐。菊治丝毫不感觉自己是个经验浅薄的单身汉，也没有畏怯之感。

他只觉得自己初次认识了女人，也了解了男人。他为自己作为男人的觉醒而感到惊讶。菊治从不知道，处于被动的女人竟会如此温柔，她既顺从着你，又诱导着你，温馨得令人陶醉。

菊治还是单身，在事情结束后多有嫌恶之感。可是，就在按理最该感到嫌恶的时刻，他却感到心酣意畅。

每当这时，菊治总爱冷漠地一走了之。这是他人生第一次，任凭女人依偎、亲热。原来，女人的热潮会随后一点点涌起。菊治在那热潮中休憩，就像一名征服者，打着盹儿，任由奴隶为自己洗脚，感到心满意足。

此外，菊治还感到了一种母爱。他缩着脖子说：

"栗本这儿有一大块痣，你知道吗？"

他忽然觉得自己说了句讨人嫌的话。或许是思想有所松弛，他并不觉得这样说对近子有何不妥。

"那痣长在乳房上，就在这儿，像这么……"说着，菊治伸出手。

菊治心中一起这个念头，便随势说出了口。仿佛在与自己过不去，又像要伤害对方，不免有点儿难为情。也许这也是为了掩饰想看夫人胸前那块地方的甜蜜和羞涩。

“讨厌，真恶心！”

夫人轻轻合上衣领，又好像还没一下子回过味来似的，悠悠然地说：

“这事我还是第一次听说。外面包着衣服，哪能看得见呀。”

“怎么会看不见呢？”

“哟，为什么呢？”

“这儿要是有，不就看见了吗？”

“你这人真讨厌！以为我也有痣才要看，是吗？”

“那倒不是。但要是有的话，此刻你会怎么想？”

“是长在这儿吗？”夫人看了看自己的胸口，“你说这事干吗？这种事与你有什么关系呢！”

夫人无动于衷。菊治动的坏脑筋，看来对太田夫人完全不起作用。菊治又把话题扯到了自己身上。

“不管可不行。我虽然只在八九岁时见过一次，可直到现在它还会浮现在眼前。”

“那又是为什么呀？”

“那块痣也在对你作祟啊。近子不是假装为母亲和我抱不平，去府上狠狠教训过你吗？”

夫人点点头，轻轻地抽开身。菊治用力把她拉回来。

“我想，她那时肯定是想到了胸口的痣，心眼才会那么坏的。”

“你说得多可怕啊。”

“也许她想对我父亲也多少实施一点报复吧。”

“报复什么呢？”

“因为那块痣，她始终觉得低人一等，还被我父亲抛弃了。”

“你别再说她那块痣的事情了，只会叫人恶心。”太田夫人根本不愿意去想那块痣，“如今，近子大概对那块痣已经不在意了。那早已成了过去的烦恼。”

“成为过去，就没有痕迹了吗？”

“过去了的事，有时倒会使人怀念。”

夫人依然有点恍惚地说道。

唯有一件事，菊治原本并不想说，但还是说了出来。

“刚才的茶会上，坐在你旁边的那位小姐是……”

“啊，是雪子。是稻村家的千金。”

“栗本是为了让我看看她，才邀我出席的。”

“哦！”夫人睁圆双眼，紧紧地盯着菊治。

“是相亲吗？我可完全没意识到。”

“不是相亲。”

“原来如此呀。是相完亲后回家……”太田夫人双肩颤动着，泪水流淌在枕头上，“这不好，多不好啊！为什么不早告诉我呢？”

她把脸埋在枕头里哭了起来。

这倒完全出乎菊治的意料。

“与相亲回来有什么关系呢？要说不好，的确不好。不过，那同这事毫无关系。”

菊治说道，心里也是这么想的。

不过，稻村小姐点茶时的身姿又浮现在了脑海里，他仿佛看见了那只桃红色的千鹤包袱。

如此一来，他望着挨在身旁抽泣的太田夫人，竟觉得她的身体变丑陋了。

“啊，太不好了。我是个罪孽深重的女人呀！”

夫人圆润的肩膀又颤动起来。

倘若菊治心生悔意，那一定是感到丑恶之故。且不说相亲这事，夫人毕竟是父亲的情人呀。

但到了此时，菊治既不后悔，也不觉得丑恶。

菊治不明白，自己怎么会与太田夫人做出这种事。一切都是那么自然。按照夫人刚才的话来理解，也许她在后悔不该去引诱菊治，但她或许根本就没打算引诱他，菊治也不觉得自己受到了引诱。再说，菊治心中对此没有丝毫的抵触，夫人也没有一点抗拒。可以说，人的道德观念根本就没有发生一点儿作用。

有关菊治父亲的话题尚未聊完，两人便走进圆觉寺对面山上的一家旅馆，一起吃了晚饭。菊治也不是非听不可，洗耳恭听她的讲述，原本就显得滑稽。但夫人好像并没有想到这一点，只顾眷恋地讲下去。菊治听着听着，渐渐感受到了夫人的好意，仿佛沉浸在她温柔的爱意之中。

菊治感受到了父亲当年曾经体验到的那份幸福。

要说不应该，也确实并未说错。但既然已错失了摆脱太田夫人的机会，倒不如沉浸在这甜蜜安然之中。

然而，菊治的心头仿佛蒙上了一层阴影，抑或正是为了一吐那股阴翳之气，他才说出近子和稻村小姐的事情。

没想到他的话功效竟如此之大。要是现在心有悔意，反倒显得丑陋，而且还故意说了那些伤害太田夫人的话，菊治不禁对自己更加嫌恶了。

“忘掉今天的事吧。”夫人说，“这种事情实在算不上什么。”

“你是因为想起了我父亲吧？”

“是啊……”

夫人一惊，扬起脸来。因为刚才伏在枕头上哭泣，她的眼皮红了，眼白也显得浑浊。菊治看到她那睁大的眼睛里，还残留着一丝女人的倦怠。

“你那么说，我也没有办法。我是个可怜的女人啊。”

“瞎说！”菊治粗暴地拉开她的衣襟，“要是有一块痣，就会叫人难忘，印象深刻……”

菊治对自己的话也感到惊异。

“讨厌！别那样盯着看，我都不年轻了。”

菊治露出牙齿，贴上前去。

夫人身上刚才的那种热潮又回来了。

菊治安心地入睡了。

半睡半醒之间，他听见了小鸟的鸣啭。像这样在鸟儿的啁啾声中醒来，他似乎还是第一次。

晨雾打湿了绿树，他觉得自己的头脑也像被洗涤过了，一片空白，没有任何思虑。

夫人背朝着菊治而睡，不知何时又翻过身来。菊治觉得滑稽，便支起一条胳膊，在微明的光线中凝视着夫人的面庞。

五

茶会过了约莫半个月后，太田小姐来拜访菊治。

菊治让女佣把她请进客厅。为了平复自己激动的心情，他打开茶具柜，取了些西式点心放在盘子里。他琢磨不出小姐是单独前来的，还是和夫人一起来，只是夫人觉得不好意思而在门口待着。

菊治打开客厅的门，小姐从椅子上站起来。她低着头，紧紧抿着的下唇微微撅起。

“让你久等了。”

菊治从小姐的身后走过，打开那扇通往院子的玻璃门。

经过小姐身后时，他闻到了花瓶里白牡丹的微微馨香。她的肩膀圆润，稍稍向前倾着。

“请坐！”

说着，菊治自己先在椅子上坐下了，心情竟平静了下来。他在小姐的身上，看到了她母亲的面影。

“突然跑来打扰，真是对不起。”小姐依然低着头。

“哪里。难为你能够找到这里。”

“哎……”

菊治想起来了。小姐在东京遭空袭的那段时间，曾陪伴自己的父亲，把他送到家门口。那天在圆觉寺，夫人对他说过。

菊治想提起这档子事，却又忍住了，只是注视着小姐。

于是，他从夫人身上感受到的温情就像热水一样，又在他心里翻腾了。他想起夫人对任何事情都温柔宽容，令他的心也安然了。

因为这种安然，他对小姐也放松了戒备，但还是不能正面直视她。

“我……”

小姐停下话头，抬起了头。

“我是为了母亲的事来求您的。”

菊治憋住了呼吸。

“希望您能够原谅我的母亲。”

“啊？原谅？”

菊治反问道。想来夫人已对女儿说了自己的事情。

“要说请求原谅，好像应该是我呀。”

“令尊的事，也请您原谅。”

“家父的事情，若要请求原谅，不也应该是家父吗？但现在家母已经去世，要说原谅，谁来原谅呢？”

“令尊谢世早，我想也是因为我母亲。还有，令堂也是……这一切，我都和母亲说过。”

“那你多虑了。你的母亲也很可怜。”

“要是我的母亲先过世就好了。”

小姐一副羞愧得无地自容的样子。

菊治意识到小姐在暗指夫人与自己的事情。此事不知给小姐造成多大的羞耻和伤害呢。

“请您原谅我的母亲吧。”

她还是在一味地恳求。

“原谅也罢，不原谅也罢，总之，我还是很感谢你母亲的。”

菊治明确地说。

“是我母亲不好。她这个人真是太糟了！您就别再管她，别再搭理她了！”

小姐的语速很快，颤抖着说。

“我求您了。”

菊治心里自然是明白小姐所说的原谅是什么用意，其中含有别再理睬她母亲的意思。

“请您再也不要打电话给她……”

小姐说着，脸上泛起一片红晕。像是为了压住自己的羞耻之心，她反而抬起头，注视着菊治。她的眼里噙满了泪水。一双很大的黑眸子毫无恶意，只是在拼命地哀求。

“我明白了，真对不起。”菊治说。

“拜托您了……”

小姐越发臊红了脸，连雪白修长的颈项都泛起了红晕。像是要把颀长的颈项衬托得更加美丽，她还在西装的领子上镶了一道白边。

“您打电话来约我母亲，是我拦住她去践约的。她无论如何都要去，我便死死地抱住她不放。”

小姐稍稍松了口气，声音也缓和了。

菊治打电话约太田夫人，是那次以后的第三天。夫人的声调里露着喜悦之情，最终却没有如约来到咖啡馆。

菊治就打过那一次电话，之后就再也没有与夫人见过面。

“那以后，我觉得母亲很可怜，但当时只觉得可耻，拼命要阻拦她。母亲便说：‘那么文子，你就帮我回绝掉吧。’我走到电话机前，却怎么也讲不出话。母亲久久地注视着电话，眼泪扑簌簌地往下掉，仿佛三谷先生您就在电话边上呢。母亲就是那样的人。”

两人缄默了一阵，而后菊治说：

“那天茶会后，你母亲在等我的时候，你为什么先回去了呢？”

“我想让您知道，母亲并不是坏人。”

“她一点儿也不坏呀！”

小姐垂下目光。端正小巧的鼻子下方，下唇微微撅起，优雅的圆脸与母亲的十分相像。

“我早就听说，你母亲有这样一位女儿，也一直想着跟你谈谈家父的事情。”

小姐点了点头。

“有时，我也想过。”

菊治心想，要是跟太田夫人之间什么事也未发生，能同这位小姐毫无牵挂地聊聊父亲的事情，该有多好啊。

然而，菊治还是真心原谅了太田遗孀，原谅了她与父亲之间的事。之所以变得如此宽容，也是因为菊治与她之间发生了关系。想来真是一件奇怪的事啊！

小姐或许发现已经坐得太久，便赶紧起身告辞。

菊治将她送出屋外。

“何时有时间，与你谈谈家父的事，也谈谈你母亲的好品性，该有多好。”

菊治虽然是信口说的，但他的确有这样的想法。

“好啊。不过，不久就会结婚的吧？”

“是说我吗？”

“嗯。我听母亲说的。她说您跟稻村小姐相过亲了……”

“哪有的事！”

一出大门就是下坡路。半坡中途有个拐弯，从那儿回首望去，看得见菊治家庭院里的树梢。

听了小姐的话，菊治的眼前忽然又浮现出千鹤小姐的身影。这时，文子正站停脚步，向菊治告别。

与小姐相反，菊治朝上坡走去。

林中落日

一

菊治尚未下班离开公司，近子就给他打来了电话。

“你今天直接回家吗?”

菊治本来是要回家的，但他不悦地回答道：

“还没定哪。”

“为了你的父亲，今天就直接回家吧！你父亲往年都会在今天举办茶会。一想到这一点，我就有点儿按捺不住。”

菊治默不作声。

“你家的茶室……喂喂，我在打扫你家茶室的时候，忽然想到要做几个菜。”

“你现在在哪儿?”

“在府上，我已经到府上了。对不起，也没事先给你说一声。”

菊治吃了一惊。

“一想到今天这个日子，我就按捺不住了。我想，要是能让我打扫一下茶室，或许心里就会松快些。当然，若事先打电话给你说一声则更好，但你一定会拒绝的。”

父亲去世以后，那茶室就没用了。

母亲在世的时候，好像还不时会独自进茶室坐坐。不过，她不生炉子，只是提一壶开水进去。菊治不喜欢母亲进茶室，担心她一个人冷清地坐在里面，会乱想些什么。

菊治很想看看母亲独自坐在茶室里的样子，但最终也没有看过。

但是，即便在父亲生前，进茶室帮忙做事的也是近子。那时候，母亲难得进去。

母亲死后，茶室便始终关着。唯有父亲在世时就来帮忙的一位老女佣，一年里开门通几次风而已。

“这茶室多久没打扫啦？榻榻米再怎么擦都有一股霉味儿！”近子的话越说越放肆了，“我扫着扫着，就想到还应该做几个菜。虽然是临时想起的，食材也不齐全，但还是稍稍准备了几样。所以请你一下班就回家吧。”

“哦，你这人真是的。”

“光你一人太孤单了，也请上三四位同事来，你看如何？”

“恐怕不行，人家不懂茶道。”

“不懂茶道的人更好，因为准备得也不是很周到，你就随便叫上几位来吧。”

“那可不行！”菊治直截了当地回绝了。

“是吗？真叫人扫兴。那可怎么办呀？请谁来才好呢？又不便请你父亲的茶友……请稻村小姐来怎么样？”

“别开玩笑了，不行！”

“为什么？不挺好的嘛！那件事，稻村那边还有点儿意思，你再仔细看看，跟她聊聊不好吗？我现在就约她来，小姐若赴约，那就表示她同意了。”

“讨厌，那种事情。”菊治的心里不好受了，“你算了吧。我不回家了。”

“好吧。电话里不便详谈，回头再谈。反正就是这件事，你早点回家吧。”

“这是件什么事，我可不知道！”

“行了，算我多管闲事。”

近子虽然这么说，听筒里却传来她那凌人的气势。

菊治不由想起近子半边乳房上的黑痣。

于是，近子用扫帚打扫茶室的声音，就像在扫自己的脑海一样；她擦着走廊的抹布又好似在擦着自己的脑壳。

菊治早就嫌恶近子，但绝没想到她竟会趁自己不在，跑到家里擅自做起菜来，简直不可理喻。

倘若是为了祭奠父亲，清扫一下茶室，插上几枝鲜花就回去，倒也情有可原。

但就在菊治生气、厌烦之时，稻村小姐的倩影宛若一道亮光，熠熠闪现。

父亲去世后，菊治与近子的关系就自然地疏远了。她现在莫非要用稻村小姐做幌子，重新纠缠菊治吗？

近子的电话照例显得有点滑稽，让人不觉间丧失了戒心，但同时又有咄咄逼人、强人所难的味道。

菊治思忖，之所以觉得她强人所难，是因为自己也有弱点吧。既然自己身上有弱点，感到心虚，对于近子打来的电话自然不便光火。

难道近子真是抓住了菊治的弱点，才会如此得寸进尺的吗？

菊治一下班就来到银座，走进了一家狭小的酒吧。

他不得不按照近子的吩咐回家。对于自身的弱点，他感到格外地苦闷。

从圆觉寺茶会回家的途中，居然与太田遗孀在北镰仓的旅馆里过了一夜，这件事近子未必知道。但那以后，近子与太田夫人见过面吗？

从电话里近子那咄咄逼人的腔调来看，菊治怀疑那并不完全是因为她脸皮厚。

但说近子是用她惯常的手法撮合菊治与稻村小姐的婚事，也未尝不可。

菊治在小酒吧里心神不定，便乘上了回家的电车。

国营电车经过有乐町，开往东京站。菊治俯视着窗外树木高耸的大街。

这条大街贯穿东西，几乎与国营电车道呈直角。夕阳的余晖落在街面，明晃晃的，像是块金属板。两旁的行道树背对着残阳，一眼望去，那绿色显得深沉幽暗，阴凉清爽。树枝舒展，阔叶繁茂。道路两侧是一幢幢坚实的洋房。

出人意料的是，街上行人相当稀少。一直到皇宫的护城河边都是冷冷清清的。明亮晃眼的车道也一片静谧。

电车里却是拥挤不堪。朝下面望去，似乎只有这条大街浮现在奇妙的黄昏景致中，颇有点异国的情调。

菊治仿佛看到稻村小姐走在林荫道上，抱着那只桃红绉绸包袱，上面绘着的千只白鹤显得分外鲜明。菊治的心情为之焕然一新。

想到小姐此刻或许已经到达他家，菊治的心口不由得怦怦直跳。

话又说回来，近子在电话里要菊治邀请几位同事，菊治不乐意，她便提出要请稻村小姐，莫非她一开始就存心要稻村小姐来？菊治有点想不明白。

一回到家，近子就急忙迎到大门口，问道：

“就你一个人吗?”

菊治点了点头。

“一个人正好。她来啦。”

说着，近子上前接下菊治的帽子和皮包。

“回家的路上，你去过哪儿了吧?”

菊治还以为自己的脸上残留着酒气。

“你去哪儿啦?后来我又打电话到公司，说你已经走了。刚刚我还在算你回来的时间呢。”

“真让人吃惊。”

近子随意跑到家中为所欲为，事前连招呼都不打一声。

她跟着他进了卧室，打算帮菊治换上女佣放在那儿的和服。

“行了。对不起，我自己来。”

菊治脱下上衣，像要摆脱近子似的，走进了衣帽间。他换好衣服后出来，见近子仍坐在那里。

“一个人过日子，了不起呀!”

“那没什么。”

“这种不方便的光棍生活，差不多就该结束了吧!”

“看看我的老爷子，我就不敢尝试了。”

近子看了看菊治。

她穿着一件从女佣那儿借来的烹饪服，袖口高高卷起。

那衣服原来是菊治母亲的。

近子手腕朝上的部分又白又胖，但胳膊肘内侧的青筋直暴，像是被捆住了一般。那肌肉又厚又硬，令菊治感到意外。

“依我看，还是在茶室那边好吧？我已经把小姐请进客厅了。”

近子一本正经地说。

“对了，茶室里要点上灯吧？我还没见过里面点灯呢！”

“要不就点上蜡烛？那样更有情趣。”

“不喜欢。”

近子忽然想起什么似的说：

“刚才我打电话给稻村小姐，她问道：‘是跟家母一起来吗？’我说：‘能一起来更好，拜托了。’但她母亲另外有事，小姐就一个人来了。”

“她来不来，还不是听你的。你突然叫人立刻过来，人家会觉得那是很没有礼貌的。”

“这我明白。可小姐既然来了，也就算不上没有礼貌了。”

“那又是为什么？”

“难道还不是那么一回事吗？今天她既然肯上门，就说明小姐还是有意的。就算我的做法稍稍离谱儿也没关系。

等亲事谈成了，你们再怎么嘲笑我离谱儿吧。根据我的经验，能成的事情，怎么做都会成的。”

近子语带不屑，好像早已看透了菊治的心思。

“你已经把此事跟对方挑明了吗？”

“是的，挑明了。”

近子的言外之意，是要他表明态度。

菊治起身，沿着走廊朝客厅走去。来到那棵大石榴树旁时，他试图改变一下自己的神色，不想让稻村小姐看到自己满脸的不快。

他望着石榴树幽暗的树影，脑海里又浮现出近子胸前的黑痣。菊治摇了摇头。客厅前面，院子里的景观石上还残留着夕阳的余晖。

客厅的纸槅门开着，小姐坐在靠近门口的地方。

小姐的光彩，仿佛把宽敞的客厅幽暗的深处也照亮了。

壁龛上的水盆里插着菖蒲。

小姐身上系的是一条水菖蒲花样的腰带。大概是巧合吧，为了顺应时节也常会出现这种情形，但也许并非巧合。

壁龛水盆里的是菖蒲而不是水菖蒲，叶子和花都插得高高的。一看就知道，那是近子刚刚插上的。

二

第二天是星期日，整天都在下雨。

下午，菊治一个人走进茶室，拾掇昨天用过的茶具。

亦是为追慕稻村小姐的余香。

女佣为他打伞。他刚要从客厅走到院子里的踏脚石上，发现屋檐上的落水管坏了，雨水哗啦啦地流到石榴树跟前。

“那儿该修了。”菊治对女佣说。

“就是嘛。”

菊治想起来，自己很久以前就记挂这件事了。每逢雨夜，躺在床铺上就能听见那流水声。

“可是，这房子一修起来就会没完没了。依我看，趁它坏得还不是很严重，赶紧卖掉吧！”

“近来有大宅子的人家都在这么说。昨天那位小姐来也挺惊讶，说这房子可真大。小姐大概要上家里来了吧。”

女佣大概是劝他别卖掉。

“是栗本师傅这样说的吗？”

“是的。小姐一到，师傅就领着她到宅子各处转了转。”

“哎？这个人可真叫人没辙。”

昨天，稻村小姐并没有向菊治提到这件事。

菊治以为小姐只是从客厅走到茶室而已，所以今天自己也不由得想从客厅到茶室走走。

菊治昨夜通宵未曾合眼。

他觉得小姐身上的余香还荡漾在茶室里，甚至半夜里都想起身去茶室看看。

“她可能是一位永远的彼岸之人。”

为了尽快入睡，他是这样认定稻村小姐的。

近子领着小姐在家里各处转悠，实在出乎菊治的意料。

菊治吩咐女佣把炭火送到茶室里，然后踩着庭院里的踏脚石走去。

昨晚，近子要回北镰仓，便和稻村小姐一起走了。收拾茶具就留给女佣做了。

茶具堆在茶室的一角，菊治只要规整好就行，但他不知道它们原先摆放的位置。

“难道栗本比我还要清楚吗？”

菊治自言自语，注视着壁龛里歌仙的画像。

那是法桥[1]俵屋宗达[2]的一幅小品，浅黑的线条上添着

1 即法桥上人。僧位之一，次于法眼。日本武士执政时期比照僧位授予画匠和医师等以称号。

2 俵屋宗达（生卒年不详），日本江户初期的画家，活跃于庆长至宽永年间（1596—1644）。他用崭新的构思、大胆的构图、艳丽的色彩，创作以日本传统画为基础的新装饰画，确立了水墨画的新风格。画有《莲池水禽图》等。

淡彩。

“这画的是谁呀？”

昨天稻村小姐这样问过，菊治却答不上来。

“哦，画的是谁呢？没有和歌题款，我也不知道。这一类画作上的和歌诗人，样子都差不多。”

“是宗于[1]吧？”近子插嘴道，“那和歌写的是：常磐松树绿，春来分外青。论时节，稍稍晚了些，但你父亲挺喜欢的，春季经常挂出来。”

“到底是宗于，还是贯之[2]，仅凭画面是难以分辨的。”

菊治又这样说了一句。

即便今天再看，那张宽厚的脸仍然分辨不出是谁。

不过，虽然只是寥寥数笔，却令人感觉人物的形象高大。好好端详后，隐约传来了一阵清香。

不管是这幅歌仙的画像，还是昨晚客厅里的菖蒲插花，都能令菊治想起稻村小姐。

“因为要等水开，所以送得晚了。我想让水开透了再拿过来。”

---

1 即源宗于（？—939），日本平安朝前期的和歌诗人，三十六歌仙之一，忠亲王的儿子。著有《大和物语》《宗于集》等。

2 即纪贯之（866？—945？），日本平安朝前期的和歌诗人、学者，三十六歌仙之一。其和歌风格理智。著有《土佐日记》《新撰和歌集》《贯之集》等。

女佣把炭火和茶釜都搬过来了。

茶室潮湿，菊治只要炭火，并没要求茶釜。

女佣大概听菊治说要火，便机灵地连开水也准备了。

菊治随意地添了几块炭，放上了茶釜。

他从小跟着父亲参加茶会，熟悉茶道的规矩，但自己并没有点茶的雅兴，父亲也并不强勉他。

现在水开了，他只是将茶釜盖稍稍错开，愣愣地坐在那儿。

屋子里还是有股霉味儿，榻榻米也是潮潮的。

色调素雅的墙壁，昨天正好将稻村小姐映衬得妩媚娇艳，今天却显得黯然无光。

就好像在洋房里穿上了和服，稻村小姐显得有些拘谨。

“栗本突然邀请你来，一定给你添麻烦了吧？要点茶什么的，也都是她擅自做的主。”菊治说。

“我听师傅说，今天是令尊生前举办茶会的日子。”

“是有这么一说。可我早就把它忘记了，想都没想过。”

“在这样的日子里，师傅把我这样的新手叫来，不是要让我出丑吗？最近一段时间，我又很少练习。”

“栗本也是今天早上才想起来，便急忙跑来打扫茶室。你看，好像还有股霉味儿吧？”

菊治接着支支吾吾地说：

“不过，同样是相识，如果不是栗本介绍的就更好了。我真觉得对不起小姐啊。”

小姐诧异地望着菊治。

“那又为什么呢？要是没有师傅，不就没人为我们介绍了吗？”

虽然是随意的反驳，但说的也是实情。

的确，倘若没有近子，他们可能这一辈子都不会相遇。

仿佛迎面射来一道光，让菊治挨了一鞭。

听小姐的语气，她好像已经同意了与菊治的这门亲事。至少菊治是这么认为的。

菊治之所以觉得小姐那诧异的眼神像一道光，或许也是因为如此。

可是，菊治直呼近子为栗本，小姐听了会作何感想呢？尽管时间不长，但近子毕竟是父亲的女人。小姐是否知道这件事呢？

“在我的记忆中，栗本有点令人嫌恶的地方。”

菊治的声音有点儿发颤。

“我不愿意让那女人触及我的命运。我很难相信，你是她介绍的。”

这时，近子把自己的食案也端了进来，交谈就此中断了。

“让我来陪陪你们吧。”

她坐了下来，好像是刚干完活儿，要歇上一口气似的。她稍稍弯下背，观察小姐的脸色。

“只有一位客人，还是冷清了一点。不过，你父亲准会高兴的。”

小姐就势垂下眼睑，说道：

“这是令尊的茶室，我是没有资格来的。”

近子并不把她的话放在心上，想到什么就说什么，说起了菊治父亲生前使用这间茶室的情况。

她似乎已经断定，这桩婚事可以成了。

临走时，近子说道：

“菊治少爷改天到稻村小姐家回访一次行吗？那时就可以把日子定下来了。”

小姐点了点头，好像要说什么，却又没有说出口。出于本能，她全身显示出一股娇羞之态。

菊治大感意外，似乎感受到了小姐的体温。

同时，菊治又不禁觉得这一切都笼罩在一层丑恶的黑幕中。

直到今天，这一层黑幕也无法揭开。

不仅仅是给他介绍稻村小姐的近子，就连菊治自己，也是不洁净的。

他经常会胡思乱想：父亲用不洁净的牙齿，啃咬近子胸前的黑痣。父亲的形象与自己的连接在一起。

即便小姐对近子毫无芥蒂，但菊治是无法释怀的。他生性怯懦，优柔寡断，尽管不完全出于这样的原因，但至少是原因之一。

菊治表现出很嫌恶近子的神情，以此暗示这桩婚姻完全是近子强加在自己头上的。近子就是这样一个可供人随意利用的女人。

他怀疑稻村小姐已经看穿了自己的把戏，所以才觉得迎头挨了一鞭子。他直到这时才认清自己的德行，不禁愕然。

吃完晚饭，就在近子去准备茶水的时候，菊治又说：

"倘若是栗本操纵我们的命运，那么对于命运的看法，小姐与我还是不同的。"

话里带着某种辩解的意味。

父亲死后，菊治就不愿意让母亲独自走进这间茶室。

不论父亲、母亲还是自己，只要单独一人在茶室里，都会想着各自的心事。直到现在，菊治还是这么认为。

雨点不停地打在树叶上，其中夹杂着雨点打在伞上的声音，那声音越来越近了。女佣站在纸槅门外通报：

"太田女士来了。"

“太田女士？是小姐吗？”

“是夫人，好像得了病，相当憔悴……”

菊治一下子站起来，却又僵住了。

“请夫人上哪间屋？”

“就来这儿好了。”

“是。”

太田夫人伞都没撑就进来了。或许是放在大门口了？

菊治以为她满脸都是雨水，其实那是眼泪。

由于从眼角不停地流到脸颊上，这才明白那是泪水。

菊治实在太迟钝了，居然以为那是雨水。

“啊，你怎么啦？”他叫了一声便走过去。

夫人跪坐在狭窄的外廊上，双手扶地，身子绵软得仿佛要瘫倒在菊治的身上。

门槛附近，也被雨水濡湿了。

她的泪水依然潸潸而下，菊治竟又把它当作了雨水。

夫人紧盯着菊治，好像这样才能支撑自己，不至于倒下去。菊治也感到一旦她移开视线，说不定就会发生什么危险。

她的眼窝凹陷，眼圈发黑，眼角起了鱼尾纹，形成带着点病态的双眼皮。湿润的眼眸如在倾诉一般，充满了难于言语的温柔。

“对不起，我实在难以忍受，想来见见你。”

夫人亲切地说。

整个身姿都透着柔情。

要是没有这份柔情，夫人那憔悴的模样，菊治是无法正视的。

夫人的痛苦让菊治心痛。他明明知道夫人的痛苦是因自己而起，可居然产生了这样的错觉：由于她的柔情，自己的痛苦反而减轻了。

“会淋湿的，快进屋来吧。”

菊治冷不防从背后紧紧搂住夫人的胸口，几乎把她硬拖进了屋子，那动作实在有几分粗暴。

夫人想自己站稳脚跟。

“请放开我，松手！我很轻吧？”

“是啊。”

“轻了很多，这些日子我瘦了。”

菊治这才对刚刚自己突然把她抱起有些惊讶。

“小姐不会担心你吗？”

“文子？”

听夫人这么一叫，菊治还以为文子也一起来了。

“小姐也一起来了吗？”

“我是瞒着她来的……”夫人抽泣起来，“那孩子总盯着我。半夜里，只要我有点儿动静，她马上就会醒。为了我，她也变得有点异常了。她甚至怪罪我：‘妈为什么只生我一个孩子？哪怕是三谷先生的孩子也行啊！’”

说话间，夫人坐正了身子。

菊治从夫人的话语中，感到了小姐的悲哀。

文子的悲哀是因为难以忍受母亲的忧伤而产生的吧。

即便如此，文子所说的哪怕是三谷先生的孩子也行的话，依然刺痛了菊治的心。

夫人还在注视着菊治。

“说不定今天她还会追到这儿来。趁她不在家，我偷偷溜了出来……大概她以为下雨天，我是不会出门的。”

“下雨天又怎样？”

“她以为我的身体已经羸弱到下雨天就无法外出了。”

菊治只是点了点头。

“前些天，文子上这儿来了吧？”

“来过。她说：请原谅我的母亲。我实在不知如何回答。”

“那孩子的心思我全明白，可我为什么又来了呢？啊，天哪！”

“不过，我是感激你的。”

“谢谢……有这一点，我也就知足了……可事后我还是苦恼，真对不起！”

“但你有什么可苦恼的呢？要说有的话，那就是我父亲的亡灵了。”

夫人并未因菊治的话改变神色。菊治好像扑了一个空。

“忘掉这一切吧。”

接着，她又说道：

“可接到栗本师傅的电话，我怎么会那么气恼呢？真难为情。”

“栗本给你打电话啦？”

“是的，在今天早晨。她说你跟稻村家稻村小姐的婚事已经敲定……她为什么要把这事告诉我呢？”

太田夫人的眼睛又湿润了，但忽然间又露出一笑。那并不是掺杂着苦痛的笑，而是一种天真无邪的微笑。

“还没有说定呢。”菊治加以否定地说，“你是否让栗本看出我们的事了？那以后，你和她见过面吗？”

“没见过。但这个人很厉害，说不定已经知道了。今天早晨的电话，她肯定会觉得奇怪。也怪我没用，当时差点儿要晕倒了，还喊出了声。她在电话里肯定听出了名堂。她说了一句：‘太太，你可别从中作梗啊！’”

菊治皱起眉头，一时说不出话来。

“要说我从中作梗……你和雪子的事情，我只觉得是自己不好。从早上起，我就在害怕栗本，坐立不安，在家里待不下去。”

说着，太田夫人好像中邪了似的，肩膀不停地发抖，嘴唇咧向一旁，往上吊起，露出上了年纪的丑态。

菊治起身走去，伸手按住了夫人的肩胛。

夫人抓住他的手说：

“害怕，我实在害怕呀！”

她战栗地环视四周，又突然像是失去了所有的力气。

“这儿是府上的茶室？”

菊治不解她的意思，便含混地答道：

“是呀！”

“这茶室挺好的呀。”

夫人是想起了常常前来赴约的亡夫，还是作为招待方的菊治父亲？

“你是第一次来吗？”菊治问。

“是的。”

“你在看什么呢？”

“没，没看什么。”

“那是宗达画的歌仙绘。”

夫人点了点头，顺势垂下头。

“以前你没有来过我家吗？”

“嗯，一次也没有。”

“是吗？”

“不对，来过一次。参加你父亲的告别仪式……”

说完，夫人就不再吱声了。

“水开了。喝上一杯怎么样？可以解解乏。我也想喝了。”

“嗯。可以吗？”

夫人刚站起来，却打了个踉跄。

菊治从墙角的箱子里拿出了茶具，突然想起这是昨天稻村小姐用过的，但还是拿了出来。

夫人取下茶釜上的盖子，手在颤抖着，盖子碰上茶釜，磕出了声响。

她拿着茶勺，身体前倾，眼泪滴湿了茶釜边缘。

“这只茶釜，还是你父亲从我手里买下来的。”

“是吗？我一点都不知道。”菊治说。

尽管太田夫人说这原本是她亡夫的茶釜，但菊治并不反感。对夫人的直率，也丝毫不觉得有什么奇怪。

夫人点完茶后说：

“我端不动，麻烦你过来一下。”

菊治走到茶釜边，就在那儿喝了起来。

夫人好像晕厥了似的，倒在菊治的膝盖上。

菊治抱住她的肩膀，夫人轻轻颤动着，呼吸越来越弱。

菊治的胳膊仿佛抱着一个婴儿，夫人的身体软绵绵的。

三

“夫人！”

菊治用力摇晃着夫人。

菊治的双手放在她咽喉到胸骨的地方，像是要掐住她似的。很显然，她的胸骨比上次更加突出了。

“夫人，是父亲还是我，你分得清楚吗？”

“你太残忍了，我不要！”

夫人闭着眼睛，娇嗔地说。

她仿佛沉浸在另一个世界里，不想马上回到现实中来。

菊治刚才的问话，与其说是对夫人的，毋宁说是冲着自己心底的不安发出的。

菊治又一次温驯地被引诱入了另一个世界。他也只能把那儿看作是另一个世界。在那儿，究竟是父亲还是菊治，似乎已没有区别。由此带来的不安，也只会在日后才有所显露。

夫人不像是人世间的女人，仿佛是史前的或者是人类最后的女子。

她一旦堕入另一个世界，便令人怀疑她对亡夫、菊治父亲和菊治都难以辨清了。

“你想起我父亲的时候，是否把他和我当成同一个人？”

“请原谅我。这太可怕了……我是个罪孽深重的女人啊！”

夫人的眼角流出了两道泪水。

“啊，真想去死，真想死啊！要是现在能死，该有多么幸福啊。刚才你不是要掐住我的脖子吗？为什么又不掐了呢？”

“别开玩笑啦！不过叫你这么一说，我还真想掐一下试试呢！”

“真的？那就太谢谢你了。”夫人伸直颀长的脖子，说，“人瘦脖子细，掐起来容易。”

“你就舍得留下小姐这样去死吗？”

“不。反正这样耗下去，总会死的。文子我就托付给菊治你了。”

“小姐也会像你一样吗？”

夫人一下子睁开眼睛。

菊治完全没有想到自己会说出这样的话。

夫人听了会怎么想呢？

“瞧，我的脉搏跳得这么乱……我活不久了。”

夫人拿起菊治的手，按在自己的乳房下。

也许是菊治刚才的话让她吃了一惊，心跳才这么厉害。

“菊治少爷，你有多大了？”

菊治没有回答。

“还不到三十岁吧？真不好意思。我是个可悲的女人，连我自己也搞不明白。”

夫人用一条胳膊撑起身子，蜷着腿。

菊治也坐了起来。

“我来不是为了搞砸你和雪子的婚事。不过，一切都已经结束了。”

“婚事还没有敲定呢。但你这么一说，反倒把我过去的一切都洗白了。”

“是吗？”

“给我做媒的栗本也是父亲的女人。她就是喜欢提过去的宿怨。你是我父亲最后的女人，我想，父亲那时是幸福的。”

“你还是早一点和雪子结婚吧。”

“这要看我的喜好。”

夫人愣愣地看着菊治，脸上渐渐失去了血色，她用手扶住了前额。

“头晕得厉害。”

夫人坚持要回家，菊治只好叫了一辆车，自己也坐了上去。

夫人闭着眼睛，倚坐在汽车的角落里。她那无所依凭的身姿，看上去随时都会死去。

菊治没进夫人的家门。下车时，夫人从菊治的手中抽出冰凉的手指，很快就消失了。

当晚二时左右，文子打来了电话。

“是三谷少爷吗？就在刚才，妈妈她……”

她说到这儿停顿了一下，然后明确地说：

“去世了！”

“什么？你妈怎么啦？”

“她走了，心脏麻痹。近来，她总是服用大量的安眠药。”

菊治一时说不出话来。

“我想……恳求三谷少爷一件事情。”

“好的。”

“要是您有熟悉的医生，能否请您带他来我家一趟？”

“医生？是请医生吗？很着急吗？”

菊治感到惊讶。怎么还没请到医生？但他随即便明白了。

夫人肯定是自杀的。为了掩饰，文子才向菊治求助。

“我知道了。”

“那就拜托您了。”

文子一定是考虑再三才给菊治打电话的，所以才直接进入主题，只说了要办的事情。

菊治坐在电话旁，闭上了眼睛。

同太田夫人在北镰仓的旅馆里共度一晚后，在回家的电车上见到的落日，忽然又浮现在他的脑海之中。

那是池上本门寺的林中落日。

血红的落日，看上去像是从林子的树梢上掠过。

在晚霞的映衬下，森林成了黑黝黝的一片。

掠过树梢的落日刺痛了疲倦的双眼，于是菊治闭上了眼睛。

那时候，他忽然感到，稻村小姐包袱上的千只白鹤，正在残留于眼睛里的晚霞中翩翩起舞。

志野瓷

一

菊治去太田家，是在夫人头七第二天。

他打算早一点离开公司，因为等到下班后再去就到傍晚了。但每当要动身的时候，总有点心神不宁。踌躇之中，一直挨到下班都还没走成。

是文子出来开的门。

“哟，是您呀！”

文子双手撑地，抬头望着菊治，像用双手撑住正在颤抖的肩膀。

“谢谢您昨天送来的鲜花。”

“不客气！”

“我以为收到花，您就不来了。”

“是吗？不过，也有先送花后来人的吧。”

“这我倒没有想到。”

“昨天，我来过你家附近的花店……”

文子老实地点点头说：

“花上虽然没写名字，可我马上就猜到是您送的。”

菊治想起昨天自己站在花店的鲜花中，回忆太田夫人的情景。

他还想到，花的香味刹那间竟冲淡了自己对罪恶的恐惧。

此刻，他又受到了文子温柔的接待。

文子穿着白色的棉布衣服，没有抹粉，只是在有点干燥的嘴唇上涂了一层淡淡的口红。

“我想昨天还是不来的好。”菊治说。

文子往里让了让，示意菊治请进。

她大概是为了忍住哭泣，才特意在大门口寒暄的。要是再说下去，说不定她就会哭出声来。

“收到您的鲜花，真不知道有多高兴。其实，昨天您也可以来的。”

文子从菊治的身后站起身，走过来。

菊治故作轻松地说道：

“我是怕遭到府上亲戚们的嫌弃，那就更不好意思了。”

“我已经不考虑这些了。”文子明确地说。

客厅里，太田夫人的遗像摆在骨灰坛前。

只有菊治昨天送的花还供奉在那里。

菊治有点意外，只摆着他的花，难道其他的花都被文子收起来了吗?

同时，菊治又觉得也许头七就是这么冷清的吧。

“那是净水罐子吧?”

文子知道他指的是花瓶，便说道:

“是的。我觉得摆放着挺合适。”

“好像是件上佳的志野瓷器啊!”

用作茶道的净水罐，稍稍小了一点。

里面插的是洁白的玫瑰和浅色的康乃馨。花束与直筒水罐很适称。

“母亲生前也常常用它来插花，所以就留作纪念，没卖掉。”

菊治坐在骨灰坛前，点上线香，然后合掌瞑目。

他在向夫人谢罪。然而，他心中对夫人的爱充满了感激之情，仿佛再次受到了夫人满腔柔情的抚慰。

夫人是深感罪孽深重、难以逃脱才一死了之，还是情爱笃深难以自持才殉情而亡呢?置夫人于死地的，究竟是爱还是罪?菊治思考了一个礼拜，还是不明白。

此刻，在夫人的骨灰坛前闭目，他忆起的不是夫人的风姿，而是她那香艳醉人的触感。奇怪的是，菊治丝毫不觉得有什么不自然，这恐怕也是因为夫人。而说到那种复苏的触感，并不是雕刻般的感觉，而是音乐式的美感。

夫人死后，菊治常常无法入睡。即便喝了加安眠药的酒，还是容易醒来，且时常做梦。

不过，他做的倒不是噩梦。梦醒之时，他经常感到甜美舒畅，深深陶醉，哪怕完全清醒之后，依然沉浸其中。

一个已经死去的人，竟然能使人在梦境中感受到她的拥抱，这对菊治而言，简直不可思议。他阅历肤浅，对此实在难以想象。

“我是个罪孽深重的女人。”

在北镰仓旅馆与菊治同居的那晚，夫人说过这句话；在菊治家茶室时，她又说过。仿佛这句话会引起她快乐的战栗和唏嘘。如今菊治坐在她的遗像前，想着她的死。一旦把她的死归因于罪孽，夫人的声音便又在他的耳畔回响起来。

菊治睁开了眼睛。

文子在他身后抽噎。她好像在竭力忍着，即便偶尔哭出声，也会马上吞咽回去。

菊治坐着没动，只是问文子：

“这是什么时候的照片？”

“是五六年前的，用小照片放大的。”

“是吗？是在点茶时拍的吧？”

“哎哟，您居然能看出来。”

这是一张脸部放大了的照片。衣领合拢之处往下的部分被剪掉了，两边的肩膀也给剪除了。

“您怎么知道那是在点茶的时候拍摄的?”文子问。

“我有这种感觉。你看，她的眼睛朝下，脸上的表情像在做什么事情。即使看不见肩膀，也能感觉到她正在使劲。”

“照片上的脸有点偏，我还犹豫了一阵。但是，母亲生前最喜欢这张照片。”

“拍得很娴静，是张好照片。”

“不过，脸有点偏总不太好。人家上香时，她好像不正眼看人。”

“这倒也是。”

“不光是脸有点偏，还低着头呢。”

“是啊。”

菊治想起了夫人死之前那天点茶时的情景。

她拿着茶勺，眼泪将茶釜的边缘都滴湿了。菊治走过去接茶碗。等他喝完茶，茶釜上的眼泪已经干了。他刚刚放下茶碗，夫人便倒在了他的膝盖上。

“拍这张照片的时候，她好像还胖了一点。”文子说到一半，有点支支吾吾起来，“再说，与我太相像的照片供在那儿，不知怎的，总有点不好意思。”

菊治忽然回头看了一眼。

文子目光低垂下来。之前，她一直凝视着菊治的背影。

菊治从夫人的灵前起身，与文子相对而坐。

但他不知如何向文子道歉，沉默着。

所幸的是，那插花用的器具是个志野瓷的净水罐。菊治的双手轻轻地撑在罐子前面，装出一副凝视茶具的样子。茶罐的白釉上隐约透着红色，冷峻而又柔润。菊治伸手摸了摸。

“就像梦幻中的那样柔润，这种志野瓷的精品，没有人会不喜欢。”

他刚要说“就像梦幻中的女人那样柔润”，便赶紧改口，省却了“女人”二字。

“要是中意的话，就送给您，作为母亲的纪念品。”

“不，不！”菊治赶忙抬起头来说。

“喜欢的话就请别客气，母亲也会很高兴的。这净水罐，看起来还挺不错的。”

“当然是件精品呀。”

“我听母亲也这么说过，所以把您送的鲜花插在里面。”

菊治冷不防地竟热泪盈眶了。

“那我就收下了。”

“母亲也会高兴的。”

“不过，我恐怕不会把它用作茶道中的净水罐，只能将它当个花瓶。”

“母亲也用它插过花，那样也很好。”

“即便是插花，也不是用于茶道的花。茶道的器具脱离了茶道，真是可惜。”

“我不想再学习茶道了。”

菊治回过头时站起身，把靠近壁龛的坐垫挪到走廊边坐了下来。

文子一直没用坐垫，在距离菊治一点的身后侍奉着。

现在菊治挪动了，文子便一个人被抛在了客厅的中央。

她的双手手指弯曲着放在膝盖上，又略微颤抖地握起了拳头。

“三谷少爷，请原谅我的母亲吧。”

文子说着，深深地低下头。

在她低头的一瞬间，菊治觉得她会倒下去，不由得吃了一惊。

“你在说什么呀？要请求原谅的，应该是我。我甚至觉得自己连说出‘请原谅’的资格都没有。我不知道该怎样道歉才好，只觉得愧对文子小姐，没有脸来见你。”

“有愧的是我们呀。”文子的脸上露出羞愧的神色，“真想钻进什么地方，就这样消失了。”

从没有抹粉的脸颊到白皙颀长的颈项，都微微地泛起了红潮，看得出她已经心力交瘁了。

那微微泛起的血色，反而让人觉得她有点贫血。

菊治颇感心痛，说：

“我想，你母亲不知会怎么憎恨我呢。”

“恨您？怎么会呢？母亲会憎恨三谷少爷吗？”

“她不是因为我才死的吗？”

“那是她自己寻死。我是这么认为的。母亲死后的这一周里，我一直在独自思考这件事。”

“她去世后，你就一直一人待在家里吗？”

“是的。母亲和我原先就是这样过的。”

“是我害了你母亲呀。”

“是她自己要死的。与其说是三谷少爷害了她，倒莫如说是我害了她。若是母亲死后，一定要恨什么人，那就该是我自己。要是让旁人来负疚、悔恨，那母亲的死就显得阴暗，不够纯洁了。我觉得，让活着的人负疚和悔恨，是会给死者带来负担的。”

“或许真是这样。不过，要是我没遇上你的母亲……”

菊治说不下去了。

“死去的人若能得到宽恕，那就足够了。说不定母亲就是想以死求得您的宽恕。您能原谅她吗？”

文子说完便起身离开了。

听了文子的话，菊治觉得脑海里的那块黑幕被撤除了。

他在思忖：死者的负担也能被减轻吗？

活着的人因为死者而烦恼，就像咒骂死者那样浅薄、荒谬吗？人已经死了，她是不会再用道德去强制活着的人了。

菊治的目光又转向了太田夫人的照片。

二

这时，文子端着茶盘走了进来。

盘里放着两只直筒形茶碗，一只是赤乐[1]，另一只是黑乐。

她把那只黑乐放在菊治跟前。

沏上的是粗茶。

菊治端起茶碗，看了看碗底的款识，有些冒失地问：

“是谁烧制的？”

---

1 赤乐，日本陶瓷乐烧的一种。制作时在底坯涂上含氧化铁的黄土和红色，再抹上铅质透明的釉，用摄氏 800 度低温烧制。茶碗分为白、黑、红三种，多有名品传世。

"我想应该是了入[1]。"

"赤乐也是吗?"

"是的。"

"原来这是一对儿呀!"

菊治又看了看那只赤乐。

赤乐茶碗放在文子的膝盖前面,还未动过。

这两只直筒茶碗用来喝茶正合适,但菊治的脑中忽然浮现出一个恼人的想象。

文子的父亲死后,菊治的父亲尚在人世时,他每次来找文子母亲,两个人不就是将这一对乐家茶碗当作普通的茶碗来使用的吗?菊治的父亲用那只黑的,文子的母亲用那只红的,它们不就成一对夫妻茶碗了吗?

倘若真是了入的瓷器,倒也算不上辱没了它们,或许它们还是两人旅行时用的茶碗呢。

果真如此,知道这一切的文子却为菊治拿出这对茶碗,就未免太恶作剧了。

不过,菊治既没有感到那是隐晦的嘲讽,也未觉得那儿有着别有用心的企图。

---

1 了入为乐家的第九代陶匠。京都人长次郎(1516—1592),全名乐长次郎,是乐烧的鼻祖。在千利休的指导下烧制茶碗,被丰臣秀吉赐以"乐"印,代表作有千利休选择的长次郎七种茶碗。

他感受到的，只是少女纯粹的伤感。

这一伤感也沁入了菊治的身心。

或许是文子母亲的死，将文子和菊治都笼罩在这种异样的伤感之中，但这一对乐家茶碗，又加深了菊治与文子完全相同的悲哀。

菊治的父亲与文子的母亲之间，母亲与菊治之间，还有母亲的死，所有这一切文子都了然于胸。

文子遮掩母亲的自杀，这也是他们两人共谋的。

文子沏茶时像是哭过，眼睛有些发红。

“我觉得今天来拜访还是来对了。”菊治说道，“我理解你刚才的意思。死人与生者之间已不存在原谅和不原谅的事情了。那么，我是否可以认为，我已经得到太田夫人的宽恕了呢？”

文子点了点头。

“要不然，母亲也得不到您的宽恕呀。尽管她始终不能原谅自己。”

“不过，我来到你家，与你面对面而坐，兴许是件过分的事。”

“那又为什么？”文子望着菊治说，“您的意思是她不该死吧？母亲刚死的头两天，我是很窝心，觉得不论怎样被误解，也不能成为死的理由。死亡就是拒绝别人的谅解。

对于死，谁也无法谅解。”

菊治缄默了，心想，难道文子也探究过死亡的秘密？

听文子说到死亡是拒绝别人的谅解，这让他颇感意外。

就眼下而论，菊治理解的太田夫人和文子理解的母亲，恐怕是不同的。

文子无法理解作为一个女人的母亲。

对于菊治而言，宽恕别人也罢，被宽恕也罢，都只会发生在对女人的肉体那梦幻般的陶醉之中。

这对一红一黑的乐家茶碗，仿佛又使菊治沉醉于那梦幻般的境界里。

文子是不会理解母亲的这一面的。

从母亲体内生出的孩子，却不理解母亲的肉体，这似乎颇为微妙；可母亲的体形却传给了她的女儿，这就更显微妙了。

先前文子在门口迎接他的时候，菊治感受到了一种柔情，那也是由于文子那张温柔的圆脸上，有着她母亲的面影。

如果说，夫人是因为从菊治身上看到其父的面影而犯错，那菊治感觉到文子酷似母亲，就是一种令人战栗的诅咒了。可是，菊治却又心甘情愿地接受了这样的诱惑。

注视文子那微翘的、有些干燥的小小嘴唇，菊治便觉得自己是无法与她争辩的。

自己应该怎么做，才能使小姐显示她的反抗呢？

菊治心里不禁生出这样的想法。

“你母亲太过温顺，以至于活不下去。”他说道，“而我对你母亲又太过狠心，有时难免以这种方式把自己道德上的内疚强加在她身上。我是个既胆小又卑劣的人……”

“那是母亲不好。她真是太糟糕了。不管是与令尊的事，还是与您的事……尽管我并不认为那是她的本性。”

文子欲言又止，脸上起了一片红晕。气色比刚才好多了。

她稍稍转过脸，低下头，像是要躲开菊治的目光。

“可是，母亲死后的第二天，我开始渐渐觉得她变美了。那并不是我的想象，而是她自然而然地变美了。”

“对于死去的人来说，都是一样的吧。”

“母亲大概是难以忍受自己的丑行才选择去死的吧……”

“我看并不是。”

“再说，她也是伤心到难以忍受了……”

文子的眼里涌出了泪水，她大概想要把母亲对菊治的爱情全都说出来。

“去世的人已经在我们的心中留下了一切，我们就好好珍惜吧！”

菊治接着说：

“只是他们都死得太早了。”

文子大致明白菊治指的是他们的父母。

“你我都是独生子女。”菊治接着说。

说完这句话，菊治又想到，要是太田夫人没有文子这个女儿，他与夫人的关系或许会让他锁在更阴暗更扭曲的思绪里。

“据你母亲说，文子小姐对我父亲也很好。”

他终于把这些说了出来，自以为说得挺自然。

他觉得，可以与文子聊聊父亲与太田夫人相好、出入她家的事情。

但他没有料到，文子当即把手撑在榻榻米上说：

“请您原谅。母亲也挺可怜的……从那时候起，她便想着随时去死。”

她趴在那儿一动不动，然后哭了，肩膀上的劲儿完全松了下来。

她没想到菊治会来，就连袜子都没来得及穿。她把脚心藏在腰下，那姿势像是缩起了身子。

她披散在榻榻米上的头发，几乎要碰到那只赤乐茶碗。

文子双手捂着哭脸走了出去。

许久也不见她回来。

“今天我就此告辞了。”

菊治说着，走到门口。

文子抱着一个包袱出来了。

“这个包袱，请您带回去吧。”

“啊？”

“是志野瓷。”

文子取出花，倒掉水，把罐子擦干，装盒，再将它包好。如此麻利，使菊治大为惊讶。

“今天就让我带回去吗？里面不是还插着花吗？”

“别客气，您只管拿走好了。”

菊治心想，文子大概是太过悲痛，动作反而更麻利了。

“那我就收下了。”

“要是我能亲自送到府上就好了，但那是不成的。”

“那又为什么呢？”

文子没有回答。

“请多保重。”

菊治刚要跨出房门，文子说：

“谢谢您！请不必介意母亲的事，您还是早点结婚吧！”

“你说什么？”

菊治回过头问，文子却没有抬头。

三

菊治把受赠的志野瓷净水罐带回家，在里面依然插上白玫瑰和康乃馨。

太田夫人去世后，菊治倒像是爱上了她，常常沉浸在对她的思念之中。

而且，他是在经她女儿文子点拨后，才领悟到这份爱的。

星期日，他试着给文子打了一个电话。

“你家里还是只有你一个人吗？”

“是啊，我已经感到寂寞了。”

“一个人居住，总是不好。”

“是啊。”

“你家中那么静，连在电话里也能听得出来。”

文子轻轻地笑了。

“请某个朋友来一起住，不好吗？”

“可是，我觉得别人一来，母亲的事情就会败露……”

菊治无言以对。

“就你一个人，恐怕也不方便出门吧？”

“那倒不至于，可以锁上门出去。”

“那就请你来玩玩吧。”

“谢谢您。等下次吧。”

“你身体好吗？”

“瘦了一些。”

“睡得好吗？”

“夜里几乎睡不着。”

“那可不行。”

“最近，我想把这儿的房子处理掉，到朋友那儿租间房子住。”

“你说最近，是什么时候呢？”

“我想等这儿卖掉后就搬。”

“要卖掉房子吗？”

“是的。”

“你真打算要卖掉吗？”

“嗯。您认为卖掉不好吗？”

“这个嘛，倒也不是。我这栋房子也想卖掉呢！”

文子沉默了。

“喂喂，电话里也扯不清这些事情。星期天我在家，能来一趟？”

“好的。”

“你送的志野瓷，我插上西洋花了。你要是来，可以当作净水罐用一次……”

“您是说点茶……”

“倒也不是。这一件志野瓷，不将它当净水罐用一次，那太委屈它了。再说，茶具与别的茶具配合着用，才能相得益彰，显示出它真正的美来。”

“可是，如今我这模样，比上次见面时更难看。我就不来了。”

“又没有别的客人。”

“不想来了……”

“是吗？”

“再见。”

“请多保重。好像有人来了，下次再谈。”

来的是栗本近子。

菊治有点儿紧张，担心刚才的电话已被她听去了。

“实在是闷得慌。这样的好天气久违了，我就跑来了。”

近子嘴上这样打着招呼，眼睛却已盯上志野瓷净水罐。

“这往后就要入夏了，茶道也会歇一阵，所以我想今天来茶室坐坐……”

近子把带来的礼品、点心和一把扇子拿了出来。

“这茶室，怕又要发霉了吧？”

“也许吧。”

“是太田家的志野瓷吧？让我瞧瞧。”

近子若无其事地说着，朝着插花处挪去。

她双手撑着榻榻米低下了头，粗粗的双肩暴突出来，像是要往外喷毒气似的。

“是买的吗？”

“不，送的。”

“送你的？这礼物很贵重啊！是留作纪念的吧？”近子抬起头，转身看着菊治，“如此名贵的东西，你还是向她买的好。要是人家小姐送你的，那就可怕了。”

“好吧，我再好好想想。”

“就这么办吧。太田家的茶具，弄到你家来的也不算少啦。但那都是你父亲买下来的。即便是后来照顾太田夫人也未……”

“这些事，我可不愿听你讲。”

“好了，好了。”

近子说着，忽然轻松地站起身走了。

她在屋外与女佣讲了一会儿话，然后穿着烹饪服回来了。

“太田夫人是自杀的吧？”

近子出其不意地问。

“不是！”

“不是？我一听就明白了。她身上总有一股妖气。”近子看着菊治说，“你父亲也说过，那是个叫人捉摸不透的女人。当然，我们女人的看法又会有所不同，她总是装出天真无辜的样子，跟我完全合不来。一副黏黏糊糊的样子……”

“人都死了，你就别再说她坏话了。”

“话是这么说，但死去的人还在妨碍你的亲事。就连你的父亲，也被她折腾得够苦的。”

菊治心想，觉得苦的怕是近子你自己吧。

父亲对近子也只是逢场作戏，两人的关系只维持了很短的一段时间。虽然原因并不在太田夫人，但父亲至死都与太田夫人相好，近子自然对她恨之入骨。

“像菊治你这样的年轻人，是不可能了解那种女人的。她还是死掉的好。这是我的真心话。”

菊治扭过头不去理她。

“连你的婚事，她也要从中作梗，谁受得了呀？她肯定是觉得自己作孽太多，又收不住自己骨子里的妖性，所以才去死的。像她那种人还以为死后能与你父亲相见呢。”

菊治不由得打了个寒战。

近子走到院子里，说：

“我要到茶室里静静心。”

菊治坐在那儿看花，好一阵没动弹。

洁白和浅红的花色，与志野瓷上的釉彩交相辉映，一片蒙蒙。

此时，菊治的脑海中浮现出文子独自在家掩面痛哭的身影。

母亲的口红

一

菊治刷完牙，回到卧室时，女佣正把牵牛花插进挂在墙上的葫芦花瓶里。

“现在，我要起床了。”

他嘴上虽然这么说，身体却又钻进了被窝里。

菊治仰卧着，在枕头上扭过脖子，望着挂在墙角壁龛里的花。

“有一朵已经开了。”

女佣说着，退到了隔壁房间。

“今天还是请假吗？”

“嗯，再休息一天。不过，我要起床的。”

因为感冒头疼，菊治已有四五天没去上班了。

“这牵牛花是从哪儿弄来的？”

“在院子边上，与蘘荷缠在一起，已经有一朵花开了。”

大概是自生自长的吧。那是种常见的靛蓝花朵，藤蔓纤细，花和叶都很小。

但将它插在红漆发黑的古旧葫芦里，绿叶蓝花低垂下来，倒给人一种清凉的感觉。

父亲在世时，女佣就在家里帮忙，所以懂得去做这类事情。

花瓶上红漆褪色处，还看得见花押[1]。古色古香的盒子上写着“宗旦”两字。如果是真品，那理应是三百多年前的葫芦了。

菊治并不懂得茶道的插花规矩，女佣也未必知道。但要是喝早茶，插上牵牛花看来也相宜。

在一个传世三百余年的葫芦里，插上一个早晨就会凋谢的牵牛花……菊治不禁凝目注视了一阵。

这或许要比在同样是三百年前的志野瓷净水罐里插上西洋花，显得更合适一点吧。

可是，插在水里的牵牛花究竟能维持多久呢？菊治感到些许不安。

菊治对侍候他吃早饭的女佣说：

“那牵牛花，眼看着就会凋谢，但也不见得是这样。”

“是吗？”

1　花押，在署名下面添写将汉字图案化的独特符号。日本自平安中期以后，一般使用草名体的草书、二合体、一字体、别用体、明朝体等。

菊治想起文子把母亲的纪念品志野瓷净水罐送给他时，他曾打算要往里插上一次牡丹。

但净水罐拿回家的时候，牡丹的花期已经过去了。但那时候，兴许什么地方还有开着的吧。

“家里还有一只这样的葫芦，我都忘记了。多亏你把它找了出来。”

“嗯。”

“你什么时候见过老爷在葫芦里插养牵牛花吗？”

“倒不曾见过。因为牵牛花和葫芦都是蔓生的，我就想插着试试。”

“哦？蔓生的……”

菊治笑了笑，一片茫然。

他在读报纸的时候觉得脑袋沉甸甸的，便在起居室里躺下了。

“床铺还没有拾掇吧？”菊治问。

女佣正在洗东西，她擦着湿手走进来。

“我去收拾一下。”

之后，菊治回到卧室一看，壁龛里的牵牛花不见了。

葫芦花瓶也没挂在壁龛的原处。

“哦……”

大概是花就要枯萎了，女佣不愿让菊治看到吧。

女佣说牵牛花和葫芦都是“蔓生的”，这令菊治不禁笑了起来。但父亲当年生活中的一些规矩，依然保留在女佣现在的某些做法里。

然而，志野瓷净水罐仍然摆在壁龛正中央，并未被收走。

倘若文子来看到这一情景，准会以为没有好好珍惜它呢。

文子刚把这只净水罐送给菊治的时候，他便插上了白玫瑰和浅色的康乃馨。

因为在母亲的灵位前，文子就是这样做的。而那一束白玫瑰和康乃馨，就是菊治在文子母亲头七那天送的。

菊治抱着净水罐回家的路上，来到前一天送文子鲜花的同一家店里，买下了相同的花。

后来，只要抚摸那只净水罐，菊治就会心跳不已，便没有再往里面插花了。

有时在路上，他看到中年妇女的背影也会被吸引住，直到回过神才黯然地喃喃自语：“活像一个罪人。”

再仔细一看，发现那背影并不像太田夫人。只是她腰身丰满，与太田夫人略微相似而已。

那一瞬间，菊治产生了一种令人颤抖的渴念。与此同时，幸福的陶醉与恐惧的疑念相重叠，使他在即将犯罪的刹那醒悟过来。

“使我产生犯罪邪念的，究竟是什么呀？”

菊治这样说着，似乎想要甩掉什么。但回答他的，却是更加强烈的对夫人的欲念。

有时菊治能真切地感触到死者的肌肤。他在想，自己若不从中摆脱，将会无可救药。

有时菊治在思忖，或许是道德上的苛责，导致了他官能上的病态。

菊治把志野瓷净水罐收进盒子里，而后钻进了被窝。

他朝庭院望去时，听到雷声响起。

虽然距离遥远，雷声却很响亮，而且越打越近。

闪电开始掠过庭院里的树木。

骤雨已至，雷声却好像远去了。

雨下大了，庭院的泥地上溅起了水花。

菊治起床，给文子打电话。

“太田小姐已经搬走了……”对方说。

“啊？”菊治不禁心头一惊，“对不起。那么……”

菊治觉得文子已经把房子卖掉了。

“您知道她搬到哪儿去了吗？”

“哦，请稍等一下。”

接电话的似乎是女佣。

她马上又回到电话机旁，似乎在照着纸条上念，把地址告诉了菊治。

说是房东叫“户崎”，她家有电话。

菊治把电话又拨到那一家。

只听见文子声音明朗地说：

“让您久等了，我是文子。”

“文子小姐吗？我是三谷。刚刚给你家打了电话。”

“真对不起。”

她的音量压低后，像她母亲。

“你什么时候搬走的？”

“哦，是……”

“怎么不告诉我呢？”

“我把房子卖了……这段时间一直在朋友的家中接受关照。”

“是吗？”

“我一直犹豫不决，不知是否要告诉您。一开始没打算告诉您，决定不能告诉您。但最近又在后悔没有告诉您。”

“那可不是嘛。”

“您也那么认为吗？”

就这样交谈了几句，菊治感到精神为之一振，仿佛身心被洗涤过一样。电话居然还有这种功效。

“每次看到那只你送给我的志野瓷净水罐，就特别想和你见面。”

“是吗？家里还有另外一件志野瓷，是一只直筒小茶盅，上一次我就想和净水罐一起送给您。可是，母亲用它喝过茶，茶碗边还染有她的口红印……”

“是吗？”

“母亲是那么说的。”

“瓷器上会沾着你母亲的口红印不掉吗？”

“不是没掉。那件志野瓷原本就带点儿浅红色，母亲说，口红一沾到碗边，就怎么也擦不掉了。母亲死后，我看过那茶盅，确实有一处隐隐发红呢。”

文子是无意间说着这些事吗？

菊治听不下去了，就换了个话题。

“这儿的雨下得挺大，你那儿呢？”

“大雨倾盆呢。我害怕打雷，吓得缩成一团。”

“这场雨后，就会凉爽一些。我在家已经休息了四五天，今天还在家。方便的话，就请过来吧。”

“谢谢。拜访的话，也要等找到工作后了。我想出去做点儿事。”

没等菊治回复，文子又说：

“接到您的电话，我很高兴。就去拜访一次吧，尽管我觉得好像不该再去见您……”

阵雨过后，菊治让女佣去收拾床铺。

菊治自己也感到惊异，一通电话竟然把文子请来了。

他更没有想到的是，自己与太田夫人之间那种罪孽的阴影，在听到她女儿的声音后竟消失殆尽了。

是因为女儿的声音，使他产生了她母亲仍然活着的感觉吗？

菊治刮胡子的时候，把刮下的胡须连同肥皂泡沫一起甩到庭院的树叶上，让雨水去冲刷它们。

过了中午，菊治以为是文子来了，跑到门口一看，却是近子。

“啊，是你呀。”

“天气热了。好久没来，过来看看你。”

“我的身体不大舒服。”

“那可要不得。气色也不大好。”

近子皱起眉头，注视着菊治。

菊治原本以为文子会穿西服来访。明明听到的是木屐的声音，怎么会以为是文子呢？真是奇怪。他想着这些，说道：

“重新镶过牙了吧？看上去显年轻了。”

“趁着黄梅天有空闲去镶的……就是太白了，不过马上就会黄的，倒没什么关系。”

近子走进菊治的卧室，看了看壁龛。

“什么也没有，这次清爽了吧？”菊治说。

“是啊，这黄梅天的。不过，摆上点花还是可以的……”她转过身来说，“太田家的那只志野瓷罐子，后来怎么处置了？”

菊治不吭声。

“我看还是把它还掉的好。”

“那是我的自由。”

“也不见得吧！”

“至少用不着你来指手画脚。”

“也未必吧！”近子露出雪白的假牙说，“今天到你家来，就是为了跟你说这件事。”

她突然伸出双手，像是要赶走什么似的挥动起来。

“我得把那股妖气从这个家里赶出去……”

“你可别吓唬人！”

“可是，我作为一个媒人，今天是来提要求的。”

“如果还是稻村小姐的事，那么谢谢你的好意，我不会接受的。”

“哎哟哟！假如不满意我这个媒人，就连中意的亲事也推掉，那就显得气量太小啦。媒人嘛，只是为你搭座桥，你只管在桥上走就是了。连你父亲不也照样轻轻松松地利用我吗？”

菊治的脸沉了下来。

近子有个毛病，越是说得起劲，她的肩膀就越高耸。

“说起来也难怪。我跟太田夫人不同，心直口快。就是这样的事情，我也一点不作隐藏，总觉得还是一次说清楚为好。遗憾的是，在你父亲的女人之中，我居然排不上号。没多久就吹了……”

说完，她低下了头。

“不过，我不恨你父亲。那以后，只要对他方便，他就可以随时利用我……你们男人，利用有过关系的女人办事，最放心了。我嘛，托你父亲的福，也学到一些健全的处世之道，有所长进了。”

“哼。”

“所以，你也可以利用我健全的处世之道啊。”

菊治听了，不禁认为有点儿道理。

近子从和服腰带里抽出一把扇子。

“一个人，要是太像个男人或者太像个女人，是学不会这种健全的处世之道的。”

“是吗？你说的处世之道，应该是不男不女的中性吧？”

“别嘲讽我。要是真的变成中性，那倒正好能把男人和女人的心理都看个透亮。太田母女两个相依为命，但她竟然舍得抛下女儿去死。依我看，她定是另有所图，以为自己死后，你可以帮她照顾自己的女儿……”

“你这是什么话！”

“我经过认真仔细的琢磨，才恍然解开了这个疑团。她就是要用自己的死破坏你的亲事。她的死非同寻常，必有所图。”

“那只不过是你的胡思乱想罢了。”

菊治这么说着，心里却是顿感惊异，近子这番话像一道闪电击中了他。

“菊治，你是不是把稻村小姐的事，对太田夫人说过？”

菊治记得那回事，却故意佯装不知。

“不就是你打电话给太田夫人，说我的婚事已经定下来了吗？”

“是的，我告诉过她，叫她不要妨碍你。可是就在那天晚上，她死了。”

一时缄默。

“可是，菊治你怎么会知道我打电话的？是她向你哭诉的吧？”

菊治冷不防受到了打击。

“是吧？难怪她在电话里就‘啊呀’地叫出声来。”

“如此说来，不等于说是你杀害了她？”

“你以为这么想，心里就可以轻松了吗？我早已习惯了做恶人。你父亲在世时就那样，我总是根据他的需要，出演冷酷的反派女人。可管用啦！倒不是为了回报他，今天嘛，我就要再来做一次恶人。”

在菊治听来，近子好像要把她心中郁积多年的嫉妒和憎恶全部发泄出来。

“这些个内情，你就装作不知吧……”近子注视着自己的鼻尖，接着说道，“你要是讨厌我，就尽管皱你的眉头……总有一天，我要赶走那个妖气的女人，让你有桩好婚姻。”

“好婚姻之类的话，请到此打住，好吗？”

“好，好啊。我也不愿把太田夫人的事搅和进来。”近子的声音变柔和了一些，“当然，太田夫人也不算什么坏人……自己死了，什么也不说，就把自己的女儿许给菊治少爷，但那只是她的一厢情愿罢了……”

“又开始胡说八道了。”

“难道不就是那么一回事吗？她在世的时候，你就没想过她想把女儿嫁给你吗？要真是那样，你就太糊涂了。无论是醒着还是睡着，她都只想着你父亲一个人，像着了魔似的，要说是痴情倒也说得上。她在模糊之中，竟把女儿也卷了进来，最后还搭上了自己的性命……在旁人看来，这简直是可怕的诅咒和报应。她给你的可是一张魔性的网哟！”

菊治与近子的眼光交合在一起。

近子的两只小眼睛向上翻起，目不斜视地看着他。于是，菊治便侧过脸。

菊治之所以畏首畏尾，让近子胡诌了那么多，起因是自己原本就有弱点，加上近子的奇谈怪论把他震慑住了。

死去的太田夫人真想把女儿文子嫁给他吗？这一点，菊治连想都没想过，也压根儿不信。

恐怕还是近子因妒火中烧而恶语相向吧。

这是一种恶意的猜测，如近子胸前那块令人嫌恶的黑痣。

但在菊治听来，她的奇谈怪论却像是一道雪亮的闪电。

菊治感到十分惶恐。

难道自己就没怀有这种希冀吗？

母亲去世以后，再移情她的女儿，这在世上倒不是没有。但一个男人在还留恋母亲的怀抱时，又在不知不觉中倾心她的女儿，甚至连自己都没有丝毫的察觉，那岂不是进入了一种魔界？

现在想来，自从与太田夫人相遇后，自己的性格完全变了。

好像哪里麻木了一般。

“太田小姐来了。她说，要是家中有客人，她就改天再来……”

女佣进来通报。

“哟，她回去了吗？”

菊治站起身。

二

“刚才……”

文子伸直白净而修长的脖颈，抬头望着菊治。

从喉咙到前胸的凹陷处显出淡黄色的阴影，不知是光线的关系，还是因为她憔悴了。菊治看着那片淡淡的阴影，渐渐平静下来。

“是栗本来了。”

菊治如实相告。他出来时还有点儿拘谨，可是一看到文子，反而变轻松了。

文子点点头说：

“我看见师傅的阳伞了……”

“哦，是这把伞吧？”

一把灰色的长柄伞在门口靠墙放着。

“要不你先到那边的茶室待一会儿，栗本那老婆子就要回去了。”

菊治这样说着，心里却在抱怨自己：明明知道文子要来，怎么没设法先把近子打发回家呢？

“我倒不在乎……”

“是吗？那就请吧。”

文子经过客厅时还向近子寒暄致意，仿佛对近子的敌意全然不知一样。

她还对近子来吊唁母亲表示了谢意。

近子摆出一副给弟子传艺时的样子，耸起左肩，挺着胸脯。

“你母亲也是一位温柔的好人……在这个好人活不下去的世道里，我觉得她是最后一朵凋谢的花朵。”

“母亲可没您说的那么好！”

“撇下文子小姐一个人，她心里一定很牵挂吧。”

文子垂下了目光。

她微微翘起的下唇，抿得紧紧的。

“一个人很冷清吧？不如来茶室学学茶道……”

“哦，我已经……”

“可以解解闷儿的。”

“我已经没有那种资格了。”

“看你说的。”

近子把叠放在膝盖上的双手松开，说道：

“我看这天气即将出梅了，想过来帮他们家的茶室通通风，所以今天就过来了。”她还瞟了菊治一眼，“正好文子小姐也来了，你看这么办行吗？”

“什么呀？”

“让我用你妈的纪念品，那只志野瓷净水罐……”

文子抬头看了看近子。

“借机会讲讲你妈过去的事。”

“要是在茶室里哭起来，那多不好呀。”

“那就哭呗！不碍事的。要是菊治结婚了，下次这茶室我就不能随便来了，尽管这是我充满回想的地方……”近子笑了笑，随后一本正经地说，“我是说与稻村家稻村小姐的亲事要是成了的话。”

文子点点头，不露声色。

但在她那与母亲相似的小圆脸上，显露出憔悴的神色。

菊治说：“说那些没成的事情，不是难为人吗？”

“我是说要是成了的话。”近子反驳道，“好事多磨，在事成之前，文子小姐就当作没听过这话吧。”

“嗯。”

文子又点了点头。

近子招呼女佣，起身去打扫茶室了。

“这儿的树荫浓，树叶还都是湿的，要当心啊。”

庭院里传来近子的声音。

三

“早上，电话里差不多可以听见我这儿的雨声吧？”菊治说。

“电话里也能听见院子里的雨声吗？我完全没留意。”

文子朝院子望去。

隔着树丛，传来近子打扫茶室的声音。

菊治也注视着庭院，说道：

“我也记不得电话里是否听到你那边的雨声了，可是过后会产生那样的感觉。傍晚的骤雨声势真猛呀！”

“就是嘛，那雷声可吓人了……”

“对，对！电话里你也说过。”

“连这些小事，我也像母亲。小时候，每次打雷，母亲就用她的和服袖子罩住我的脑袋。夏天外出上街时，母亲就会看着天色说，不知今天会不会打雷啊。即便到了现在，只要一打雷，我就会吓得用和服袖子捂住脸。”

文子从肩膀至胸口，都隐隐露出了娇羞之态。

“那一只志野瓷茶盅，我带过来了。”

她起身回到客厅，把包裹好的茶盅原封不动地放到菊治的膝盖跟前。

看到菊治还在迟疑，她就把包拉到自己跟前，从盒子里取出茶盅。

“那只直筒的乐家瓷碗，你母亲好像把它当作茶杯用，也是了入烧的瓷器吧？”菊治问。

“是的。可母亲说，无论是黑乐还是赤乐，它们与粗茶或煎过的茶，颜色都不配，所以常用这只志野瓷小茶盅。”

“是啊，黑乐看不出粗茶的颜色……”

见到菊治仍然无意拿起眼前的志野瓷直筒茶盅，文子就说：

“虽然说不上是多好的志野瓷……”

“哪里……”

可是，菊治终究没有伸手触碰它。

正像文子今天早晨在电话里所说，这只志野瓷的白釉隐隐带着点红色。仔细端详，那红色仿佛是从白釉中渗出来的。

碗口上还略微带着点浅茶色，有一处的颜色看似更深一些。

那里该是喝茶时嘴唇触及的地方吧。

看着像是沾上的茶锈，但也可能是嘴唇触碰后留下的痕迹。

再仔细看那浅茶色，中间透着的红越发明显了。

今天早晨文子在电话中也提到过，这难道真是她母亲的口红渗进了白釉里?

这样琢磨着，白釉上的纹路确实是浅茶和淡红两色的混合。

那色调既像褪色的口红，又像枯萎的玫瑰——更像沾在什么东西上的陈旧血迹。菊治越想越觉得闷得慌。

他既感到令人作呕的龌龊，又感到一种令人晕眩的诱惑。

茶碗的表面上画着一些宽叶草，黑里透青，叶子中间也露出一丝丝的红褐色。

那些宽叶草被画得单纯健康，仿佛要将菊治从那病态的感官中唤醒。

茶碗的姿态端庄、凛然。

“挺棒的!”

说着，菊治便伸手拿了起来。

“我不懂瓷器，可母亲喜欢，总拿来当茶杯用。”

“给女人当茶杯用，是挺合适的。”

从自己的话语中，菊治再一次鲜活地感受到文子母亲的女人形象。

但这一只沾上母亲口红的志野瓷茶盅，文子为何要拿来给自己看呢？

文子是天真，还是迟钝？菊治无法判断。

只是文子身上那种毫无抵触的情绪，似乎也就此传给了他。

菊治把茶盅放在膝盖上，转来转去地观赏，却尽量避免触碰夫人嘴唇触及的地方。

“请把它收起来吧。要是让栗本那老太看见，又该啰唆个没完了。”

“好的。”

文子把茶盅放进盒内，重新包好。

她本打算将它送给菊治的，但错过了表示的机会。或许，她是怕菊治并不喜欢它。

文子站起身，把包又放到了门口。

这时，近子从院子里躬着身走进来。

“把太田家的净水罐拿出来吧。”

“用我们家的水罐吧。太田小姐也在……”

“你这是什么话？正因为文子小姐在才要借用一下。我们要用这一只志野瓷的遗物，来谈谈她妈过去的事。”

“你不是憎恨太田夫人吗?”菊治说。

“我怎么会憎恨她呢?我们只不过是脾性不合罢了。人都死了,恨也没用了。正因为脾性不合,我对夫人才无从了解。但从另一方面说,有的地方也把她看透了。”

“把人看透,似乎成了你的喜好……”

“要是能够不让我看透那才叫好呢!”

文子出现在走廊上,靠着房门边坐下。

近子又耸起左肩,回过头说:

“我说呀,文子小姐,能借用一下你母亲那只志野瓷净水罐吗?”

“好的,请用吧。”文子回答。

菊治把刚刚放进壁橱里的志野瓷净水罐又拿了出来。

近子把扇子插进腰带,捧着净水罐到茶室去了。

菊治也走到房门边,问道:

“在今天早晨的电话里,听说你搬走了,我吓了一跳。卖房子那些事全是你一个人办的?”

“是的。不过是熟人买下的,所以并不很麻烦。那位熟人住在大矶,房子很小,提出可以和我对调。但房子再小,我也不能一个人住呀。再说,要是去上班,还是租房方便。于是,我就没有调换房屋,暂时搬到朋友家住了。”

“工作的事定了吗?”

“没有。真要找工作的时候，我才发现自己竟无一技之长。”文子转而微笑着说，“我原本打算，等工作有了着落再来拜访的，否则我无房无业，漂泊不定，这种时候来见您，岂不凄凉……”

菊治很想说，这种时刻来更好。原以为文子会孤苦伶仃的，可现在看上去她的神情也并不寂清。

“我也想卖掉这栋房子，可是一直拖着。因为心里总惦记着要出售，结果落水管也没修，榻榻米坏成了这样也没有换新的。”

“您不是要在这儿结婚的吗？到那时再……”文子直率地说。

菊治注视着文子说：

“那是栗本说的话。你觉得我现在能结婚吗？”

“是因为我母亲吗？她能让您那么伤心，已经足够了。就让它过去吧……”

四

近子对于茶室的准备早已驾轻就熟，很快就安排停当了。

“跟净水罐配吗？”近子问。

其实菊治并不懂。

菊治没有回答，文子也不言语。他们俩都凝望着志野瓷净水罐。

原本是在太田夫人的灵位前当作花瓶来用的，今天又恢复了它的本来面貌，成了净水罐。

曾经是太田夫人的东西，现在却任由近子操持。太田夫人去世后，净水罐传到女儿文子的手中，再由文子转给了菊治。

这净水罐的命运真是奇妙，或许所有的茶具都大抵是如此。

在太田夫人之前，这只净水罐在制成以后的三四百年间，几易其主，那些人又经历了什么样的命运呢？

“若把这只净水罐放到茶炉或茶釜之类的铁器旁，那看上去就更像个美人了。”菊治对文子说，“而且，它姿态刚强，绝不亚于铁器。”

这件志野瓷的白釉温润，娴静地散发着深邃的光泽。

菊治在电话中对文子说，见到这件志野瓷净水罐，便想看到夫人。她母亲白皙的肌肤里，也深藏着女性的坚强和刚毅吗？

天气炎热，菊治把茶室的纸槅门全拉开了。

文子身后的窗外，枫叶一片青翠。茂密的枫叶投下的阴影正落在文子的秀发上。

文子那略微修长的颈项，上部正沐浴在从窗户里射进来的亮光中。她穿着仿佛是首次上身的短袖衣衫，露出的手臂白皙且透着青色。她虽然不显胖，但肩膀丰腴，手臂也圆润。

近子也注视着净水罐。

“净水罐不用在茶道上，就无法显示它的灵气。插上几枝西洋花，那简直是在糟蹋它。”

“母亲那时也用它插过花。”文子说。

“你母亲的净水罐居然到这里来了，就像做梦一样。不过，她的灵魂也准会感到高兴吧。”

近子的话里带着嘲讽。

不过，文子却若无其事地说：

“这只净水罐母亲的确当花瓶用过。再说，我再也不会把它用在茶道上了。”

“你可别那么说。”近子环视着茶室说，“尽管我到处都跑遍了，但还是坐在这儿踏实。”

她看着菊治，又说：

“明年是你父亲五周年忌。等到忌日那天，我们来办个茶会吧。”

“行啊。摆出所有的赝品茶具，再叫些客人，倒也有趣。”

“你在说什么呀？你父亲的茶具可没一件是假的。”

“是吗？要全是假货，那就有趣多了。”

菊治又对文子说：

“在这间茶室里，我总觉得有一股难闻的霉味儿，像是充满毒气似的。要是开个茶会，用的全是赝品茶具，或许能够驱除这股毒气。以此为父亲祈福，也与茶道做个了断。虽然我早就与茶道绝缘了……”

“你是在说我这个老太婆怪讨厌的，老是跑到你的茶室里待着，对吗？”

近子快速地搅着茶刷。

“算是吧。”

“你可别这么说！但你要结新缘了，旧缘断了也罢！”

近子示意茶已冲好，把茶放在菊治面前。

“文子小姐，听了菊治少爷的玩笑话，你不觉得你母亲的遗物好像找错了归宿吗？我一看见这只志野瓷净水罐，就觉得你母亲的面容还映在上面呢。”

菊治喝完茶，放下茶碗，又看起了净水罐。

也许是近子的身影正映在那黑漆的盖子上。

文子则坐在一旁发愣。

菊治无从知晓，文子是想尽量不去触犯近子，还是压根儿没把她当回事呢。

文子能毫无不悦地与近子坐在同一间茶室里，实在是奇妙。

近子提到菊治的婚事，文子也没有表现出什么抵触的情绪。

近子很早以前就恨她们母女，她说的每一句话都在羞辱她，可文子却毫无反应。

难道文子是因为沉湎于深深的悲哀之中，对面前的一切都淡然了，不再计较了？

抑或是母亲去世的打击使她超越了眼前的一切？

还是说，她秉承了母亲的脾性，一切俯仰随人，纯净得让人看不透？

但菊治任近子憎恶、侮辱文子，尽量不做出有意袒护文子的样子。

意识到这种情形时，连他自己也感到奇怪。

再看近子点好最后一杯茶、举杯啜饮的模样，他也觉得怪异。

近子从腰带里掏出手表，看了一眼。

“这种小手表，老花眼看不清了……把你父亲那只怀表送给我好吗？”

“他哪里来的怀表？”

菊治把她怼了回去。

"有的吧。他经常戴在身上。上文子小姐家去的时候，不就戴着那块怀表吗？"

近子故意装出惊讶的表情。

文子垂下眼睑。

"两点十分吗？两根表针合在一起，我看不清。"

近子摆出她那副办事勤快的派头。

"稻村小姐给我招来一些人，下午三点开始学习茶道。在去她家之前，我先到你家来一下，听听菊治少爷的回话，以便心中有底。"

"那你就干脆帮我回掉吧！"

听菊治这么一说，近子只能敷衍："好的，好的，那我们就干脆回掉。"

她笑着掩饰过去。

"真想让那些人到这间茶室来学习茶道。"

"那好办，就请稻村家把这栋房子买下来吧。反正最近我就打算卖掉它。"

"文子小姐，我们一起走吧？"

近子不再理会菊治，而朝向文子说。

"好的。"

"那我就抓紧把这儿收拾一下。"

“我来帮您吧。”

“是吗？”

近子却没有等文子，快速地朝茶室的厨房走去了。

哗啦啦的流水声传来。

“文子小姐，我看算了吧，别跟她一起回去。”菊治压低嗓门儿说。

文子摇摇头说：

“我怕她。”

“有什么好怕的！”

“我真的怕她。”

“那么，你就跟她一起走一段，再把她甩了。”

文子仍然摇摇头，站起身，把夏季服装膝盖处后侧的褶皱拉拉平整。

菊治差点儿从下方伸出手去。

他还以为文子要跌倒了。文子的脸红了。

刚才近子说起怀表的事情，她的眼角就有点红，此刻则羞得满脸通红，宛如一朵盛开的红花。

文子抱起志野瓷净水罐朝茶室的厨房走去。

“哎哟，你只拿来了你母亲的东西呀？”

从里面传来了近子沙哑的声音。

双重星

一

栗本近子到菊治家说，文子和稻村小姐都结婚了。

已到了夏季晚上的八点半，天色还亮。菊治吃过晚饭后便躺在廊子上，看着女佣买来的萤火虫笼。不知何时，青白色的萤光变成了橙黄色，天色也暗了，但菊治仍然懒得起身开灯。

他向公司请了四五天假，到野尻湖一个朋友家的别墅去度假，今天刚回家。

朋友已经结婚，并有了孩子。菊治对婴儿一无所知，生下来已有多少天数，个头是大是小，一点都看不出来，不晓得该说些什么，只好说一句：

“这孩子发育得不错嘛。”

“哪里的话，刚生下来的时候小得可怜，最近稍微长了点。”

朋友的妻子回答。

菊治在婴孩的眼前摆了摆手。

"不会眨眼睛呢。"

"已经看得见东西了，眨眼睛还得过上一阵。"

菊治以为婴儿已有好几个月大了，可据说才刚满百日。难怪年轻的妻子头发稀薄，面色蜡黄，带着产后的憔悴。

朋友夫妇的生活以婴儿为中心，除了婴儿，眼里没有别的，菊治觉得自己显得多余了。然而，当他坐上回家的火车，朋友妻子那羸弱的身影便浮现在脑海中，久久不肯离去。她面容憔悴，毫无生气，总是愣愣地怀抱着婴儿。朋友原来和父母兄弟住在一起。妻子刚生下这第一个孩子不久，就和丈夫住到了湖畔的别墅里。小两口的生活大概很安闲，竟使她有些恍惚了。

菊治躺在廊子上，带着一种近乎圣洁的哀愁，怀想起朋友妻子的模样。

就在这时，近子来了。

她冒冒失失地闯进屋里。

"哎呀呀，怎么躺在这么黑的地方……"

她在菊治脚边的廊子上坐了下来。

"单身真是可怜，躺在这儿，连个开灯的人都没有。"

菊治蜷起腿，待了一阵子，又不舒服地坐了起来。

"请躺着吧，没关系的。"

近子用右手做了个手势，示意菊治躺下，接着又故作庄重地寒暄了一番。说她去了一趟京都，回来时顺便去了箱根。在京都她师傅家，遇到了茶具店的老板大泉。

“与好久未见面的大泉畅谈了一番你父亲的情况。他带我去看了你父亲幽会的地方，那是家木屋町的小旅馆。你父亲是同太田夫人一起去那儿的吧？大泉老板还让我在那儿住上一宿。这人真是脑子进水了。一想到你父亲和太田夫人都过世了，我再怎么胆大，半夜里也难免会害怕，你说呢？”

菊治没吱声，心里在想：你唠叨这些，才真是脑子进水呢。

“菊治也去野尻湖跑了一趟吗？”

近子明摆着是明知故问。其实，她一进门就问过女佣了。不经通报就闯进屋来，她历来是这种做派。

“我刚刚回来。”

菊治不高兴地回答。

“我回来已经三四天了。”

近子又耸起了左肩，煞有介事地说：

“可是一回来，就听说了那件令人遗憾的事。我大吃一惊，都怪我大意，简直没脸来见你了。”

近子说稻村家的小姐已经结婚了。

菊治也吃了一惊，幸好廊子里很暗。他不动声色地问：

“是吗？什么时候？”

“你倒是不在乎啊，就像别人的事一样。”

近子挖苦他。

“稻村小姐的事，我不是回绝你几次了吗？”

“那只是口头上说说而已嘛。恐怕只是对我，你才摆出这种面孔。说什么一开始就不中意，是我这个老太婆多管闲事，遭人嫌弃。可是，你心里准在想，那小姐还是挺不错的吧。”

“你又在胡诌些什么？”

菊治忍不住笑出声。

“那小姐你还是中意的吧？”

“小姐的确不错。”

“我早就看出你的心思了。”

“说小姐好，不一定就想和她结婚呀。”

但是，听说稻村小姐已经结婚时，菊治的心被猛击了一下。然后仿佛万分饥渴似的，他竭力回想稻村小姐的面影。

菊治与雪子只见过两面。

在圆觉寺的茶会上，近子为了方便菊治端详，特意安排她点茶。雪子点茶时，手法质朴，风度典雅。映着新叶影子的纸槅门上，将她和服的肩袖连同她的秀发衬得异常明亮。这印象还珍藏在菊治的心底，但雪子的容貌却怎么也想不起来了。当时她用的那块小红茶巾，去茶室的路上手上拿着的那只桃红色绉绸上绘有千只白鹤的包袱，此刻都鲜明地浮现在他的眼前。

第二次是雪子到菊治家的那天，是近子点的茶。直到翌日，菊治仍然能感受到茶室里小姐的余香，她身上所系的那条绘有水菖蒲的腰带，依旧历历在目，只是小姐的身姿有点难以捕捉了。

去世不过三四年的父母，菊治已经连他们的容貌都记不大清楚了。只有看到照片，他才有所明悟地点点头。也许越是亲近、热爱的人，就越是记不住，而越是丑陋的东西，就越会难以忘记。

雪子明艳的眼睛和脸颊，已成为抽象的记忆。而近子乳房上长至心窝的黑痣，却像癞蛤蟆一样，真切地留在记忆中。

眼下，廊下显得很暗。菊治清楚，近子应该穿着那件白麻绉的和服长衫。她胸口的痣即使在明亮之处也不会透出来，但菊治在脑海中却看得异常清晰。正因为幽暗不明，才能看得见。

“既然觉得小姐好，那就不要错过呀。稻村小姐，这世上可只有一个。你哪怕找上一辈子，也不会再有第二个。这么简单的道理，难道你不明白？”近子以斥责的口吻数落起菊治，“你经历尚浅，眼界倒挺高。这倒好，把你和稻村小姐的命运都改变了。稻村小姐原本想好好谈下去的，现在却嫁到别处。要是过得不幸福，也不能说你没有责任。”

菊治没有应答。

“你也仔细地看过小姐的模样了吧？你就忍心让她过了几年后后悔没嫁给你，心中老想着你吗？”

近子的话语中带着几分恶毒。

要是雪子已经结婚，近子又何必跑来说这些多余的话呢？

“这是萤火虫的笼子吗？现在还有这玩意儿？”近子伸长脖子说，“很快就到悬挂秋虫笼子的季节了。现在还有萤火虫吗？就像幽灵一样！”

“是女佣买来的吧。”

“是女佣买的呀，那就难怪了。你要是学习茶道，就不会有这种事了。在日本，做什么事都要讲究季节。”

被近子这么一说，那萤火看上去真有些像鬼火。菊治想起野尻湖畔的虫鸣，这些萤火虫能够活到今日，也真是不可思议啊。

“如果你有了妻子，她肯定不会让你做这样不合时节的事。真是冷清啊。”

说完，近子忽然摆出一副恳切的样子。

“我把稻村小姐介绍给你，也是在为你父亲效力啊。”

“效力？”

“是啊。你只知道躺在这阴暗处看着萤火虫，可是，连太田家的文子小姐也出嫁啦！”

“什么时候？”

像是被人绊了一跤，菊治比刚才听到雪子结婚还要震惊，甚至来不及掩饰。怎么可能呢？连近子也看出了菊治的狐疑。

“我从京都回来知道后，也一下子愣住了。她们俩就像约好了，全出嫁了。年轻人办事，就是这样草率！”

近子接着说：

“我还以为，既然文子小姐已完成婚事，就不会再有人妨碍菊治少爷。谁知这时稻村小姐也出嫁了。在稻村家那边，我搞得颜面尽失，这全怪你的优柔寡断哪！”

然而，文子结婚的事情，菊治还是不大相信。

“太田夫人到死都在跟你捣蛋，现在文子结婚了，她的妖气也该在这个家里消失了吧！”近子把目光转向庭院，“这样倒也了结了。你该把院子里的树木修整一下了，天这么暗，不看也知道是树叶长得太密了，阴湿湿的，闷死人了。”

父亲死了四年，菊治从未请花匠来家里修剪。庭院的树木肆意疯长，密不透风，空气中全是白昼的余热，只凭感觉就能了解。

“女佣怕是连浇水降温也不做吧？这种事，你可以吩咐她去做的嘛。”

“你别来多管闲事。”

近子的话句句都使菊治直皱眉头，但他仍然任由她说下去。每次见到近子，都是这样。

近子虽然说话令人讨厌，但还是想讨好菊治，揣摩着他的意向。菊治早已习惯了她的这套把戏。有时他表面上反唇相讥，暗中却在警惕设防。近子的心里也明白，只是装作糊涂，偶尔有所表露罢了。

而且，近子讨人嫌的话也常在菊治的意料之中，总是说些他在自我嫌恶时会想到的事。

今天晚上，近子跑来告诉菊治，雪子和文子都结婚了，显然就是想窥探他的反应。她究竟是何用意呢？菊治不敢大意。近子原本想把雪子介绍给菊治，目的是让他疏远文子，但现在两位小姐都已经出嫁，不管菊治作何打算，都与她没有关系了，但她还是跑来了，试图搞清他的心思。

菊治很想起身，打开客厅和廊上的电灯。这样黑咕隆咚地跟近子说话，想来真是有点儿怪怪的。再说，他们也没有这般亲密。虽然连庭院的树木修剪都要发表意见，但这就是近子的脾性，菊治也没往心里去。不过，只是为了开两盏灯，菊治又实在懒得起身。

近子刚刚进屋时就嚷嚷着屋里太暗，却也不愿跑去开灯。这类小事她一向挺勤快，这既是她的脾性，也是她的职业使然。但是此刻，面对菊治，她却不肯出此力气。或许是因为上了点年纪，抑或是作为一个茶道师傅，她得端端架子吧。

“京都的大泉老板托我捎个口信，说你要是有意出手茶具，希望授权他来处理。”

接着，近子又沉静地说道：“稻村小姐被她溜掉了，你应该好好振作起来，奔向自己的新生活。以后，这些茶具说不定派不上什么用场了。从你父亲时代起就没有我什么事了，真叫人寒心寂寞，但府上的茶室，也只有我才会打开门窗，让它通通风吧。”

啊！菊治这才恍然大悟。

近子的目的相当露骨，或许看到菊治与雪子成不了婚，她便死了心，然后与茶具店的老板勾结，想着弄走菊治家的茶具。她一定是与京都的大泉老板商量好后才来的。

菊治与其说是生气，毋宁说是如释重负。

“我正要卖掉房子，到时候也许会拜托他。”

“毕竟是你父亲的老熟人，总归是让人放心的。”

近子又加上这么一句。

菊治心想，家里的茶具，近子大概比自己心里还要清楚，说不定她早就盘算好了。

菊治朝茶室方向望去。茶室前有棵大夹竹桃树，上面开满了白花。夜色黢黑，远远看去，那花和天空都已是一片白茫茫的，已经很难辨别界线了。

二

下班时，菊治刚要走出办公室，又被电话叫了回去。

“我是文子。”

她轻声说道。

“我是三谷……”

“我是文子。”

“嗯，我知道。”

“真对不起，给您打电话……可要是不给您打电话道歉，就要来不及了。”

“哦？”

“我昨天给您写了一封信，可是忘了贴邮票。”

“是吗？我还没有收到……”

“我在邮局买了十张邮票，投出信函后，回家一看，还有十张邮票。真是糊涂得可以呀！我一直在想，在信送达之前，怎么向您表示歉意……”

“这点儿小事，别放在心上……”

菊治一边回答，一边在想，信函难道是通知他结婚吗？

“是报喜的信吗？”

“嗯？一直都是打电话的，给您写信，这还是第一回啊，当时一直在犹豫要不要寄出去，结果竟忘了贴邮票。”

“你现在在哪儿？”

“在公共电话亭，东京站的……外面还有人在排队等候呢。”

“是打公共电话啊。”

菊治不明白她为什么要打公共电话，却还是说道：

“恭喜你啦！”

“啊？托了您的福，好不容易才……可是，您是怎么知道的呢？”

“栗本告诉我的。”

“栗本师傅？她怎么会知道？真可怕哪，这个人！”

“反正今后你再也不会见到她了。上一次，电话里还听到下阵雨的声音呢。”

“您那样说过。那次我搬到朋友家住，拿不定主意不知要不要告诉您，这次又是这样。”

“那还是告诉我的好。我也是听栗本说了，正在犹豫是不是该向你贺喜。”

“要是从此去向不明，那就太说不过去了。”

她的声音低到像要消失了，很像她的母亲。

菊治顿时语塞。

“也许我这个人就该销声匿迹吧……”过了一会儿，她又说，“那个房间只有六铺席大，也不算干净，是与工作单位同时找到的。”

“哦？”

“大热天外出上班，真够累的。”

“是啊，再说又刚刚结了婚……”

“哟，结婚？您说的是结婚？”

“恭喜，恭喜！”

“什么呀，我结婚？真讨厌！”

“你不是结婚了吗？”

“没有啊。我现在哪有心思结婚啊？母亲离世还没有几天……”

“啊！”

“是栗本师傅说的吗？”

“是的。”

“她是为什么呀？真不明白。您听了就信以为真了吗？”

文子好像在对自己说话。

菊治忽然清晰地说：

“电话里说不清楚，见一下面可好？”

“好吧。”

“我这就去东京站，请你在那儿等我吧。”

“可是……”

“要不，再找个地方碰头也行。”

“我不愿在外面与人约会，还是我到府上去吧。”

“那我俩一起回去吧。”

“一起回去，不等于又是约会吗？”

“要不就先上我的公司来？”

“不，还是我一个人直接过去。”

“是吗？我马上回去。要是你先到，就请进屋里坐。”

文子从东京站坐电车，可能会比菊治早到。可菊治总觉得会和她乘上同一班电车，所以在车站里边走边在人群中寻找。

结果还是文子先到家。

听女佣说文子在院子里，菊治便从大门边走进了庭院。文子正坐在白夹竹桃树荫下的一块石头上。

近子来后的四五天里，女佣每天都在菊治回家之前给花木浇水。院子里那只旧水龙头原来还能用。

文子坐着的那块石头，底部看上去湿漉漉的。要是那株绿叶繁茂的夹竹桃开着浓艳的红花，便会给人一种盛夏的印象；但它开的是白花，便显清凉了。朵朵鲜花微微摇摆，笼罩住文子的身姿。正巧，她穿的是一件白色的棉布上衣，翻领和口袋都滚上了一道深蓝色的细边。

夕阳从文子身后的夹竹桃一直照射到菊治的跟前。

“欢迎你！”菊治亲切地迎上去。

文子在菊治开口前，张口想要说些什么，结果只说了句：

“刚才在电话里……”

她缩起肩膀，转身站起来；似乎以为菊治会过来牵住她的手。

“因为你在电话里那么说，我才过来的。要做个更正……”

“是说结婚的事吗？我听到后也大吃一惊。”

“跟谁结婚呢？”

说完，文子垂下了目光。

“听说你结了婚，又听说没结婚，两次都叫我吃惊。”

“两次？”

“是啊。”

菊治顺着踏脚石朝屋子走去。

“就从这儿进屋吧。刚才你可以进屋等我的。”

他说着就在廊上坐了下来。

“前几天我刚旅游回来，正躺在这儿休息，栗本来了。是那天晚上。”

这时，女佣在屋里唤菊治，他在离开公司前，打电话叫的晚饭送来了。菊治起身进屋，顺便换了件白色的上等细麻纱衣。

文子似乎也重新匀过了脸。等菊治坐下，她就问道：

“栗本师傅是怎么说的？”

“她只告诉我，听说文子小姐也结婚了……”

“那您就当真了？”

“看上去不像谎话……”

“您难道一点儿也不怀疑……”

转眼间，文子那双大大的黑眼睛湿润了。

“我现在能结婚吗？三谷少爷，您想我能够那么做吗？母亲和我那么痛苦，那么悲伤，直到现在余痛仍在……”

在菊治听来，仿佛她的母亲依旧活着。

“母亲和我都生性易轻信他人，总相信人家会了解我们。难道这是做梦不成？这种事情，也许只有自己清楚……”

文子忍不住失声痛哭。

菊治沉默了一阵，说：

“你以为我现在能结婚吗？上次我对你说过，就是那天傍晚下阵雨时……”

“是打雷那天吗？”

“是的。今天反而被你说了。”

“不对，那是……”

“你不也常常说我快结婚了吗？”

“什么呀，您跟我可是完全不同的呀。”

文子含泪看着菊治。

“您跟我不同。”

“怎么不同呀？”

“身世也不同……”

“身世？”

“是啊，身世不同。更准确地说，是身世有污点？”

“也就是说……罪孽深重吧？那该是我吧。”

“不！”

文子用力地摇头，流下了泪水。有一滴眼泪竟顺着左眼角一直流到耳边。

“要说罪孽，早让母亲背着带入黄泉了。我倒不认为那是罪孽，那只是母亲的悲哀。”

菊治低头，缄默不语。

“罪孽也许不会消失，可悲哀会过去的。”

“但是，如果说文子小姐身世有污点，那不就等于说你母亲的死也显得阴暗了吗？”

“那么，还是说成悲哀之深切的好。”

“悲哀之深切……”

菊治想说与爱之深切相同，但并没有说出口。

“除了这些，您还在与稻村小姐谈婚事，这也和我不一样啊。”

文子好像把话题拉回到了现实。

“栗本师傅好像始终认为，是母亲阻碍了你们俩的事。她说我结婚了，是因为把我也看成了阻碍。我只能这么想。”

“可她说稻村小姐也结婚了。”

文子顿时露出颓丧的神情。

“谎话……她在撒谎！一定又在骗人！”她用力摇了摇头，“那是什么时候的事？”

“你问稻村小姐的婚事？大概就是最近吧。”

“她一定在撒谎。”

“她告诉我你们两个都结婚了，但更相信你是真的结婚了。”菊治又轻声说道，“但现在看来，稻村小姐倒是有可能真结婚的……”

“她在胡说！哪有在这大热天结婚的？穿上薄薄的一件衣裳都会满身大汗。”

“那倒是。不过，难道夏天就没人结婚了吗？”

“嗯。几乎没有吧……当然也不会绝对没有……一般会把婚礼拖到秋天吧……”

不知何故，又有泪水从文子的眼角涌出，滴落在膝盖上。她凝视着自己的泪痕。

“可是，栗本师傅为什么要说谎呢？”

“我还真被她骗到了。”菊治也说。

可是，这件事为什么又会引出文子的眼泪呢？

至少可以确定的是，说文子结婚是骗人的。

或许雪子是真的结婚了，近子为了让菊治疏远文子，便说文子也结婚了。菊治在心中这样猜疑。

但他心里总觉得难以信服。他甚至觉得，连雪子结婚的消息也是骗人的。

“总之，在搞清稻村小姐结婚的消息是真是假之前，就不知道栗本是不是在恶作剧。”

“恶作剧……”

“就当她是恶作剧好啦。”

“可是，要是我今天不打电话，人家就会以为我已经结婚了。这也太过分了！”

女佣又来叫菊治。

菊治从里屋拿了一封信走了回来。

“你的那封信到了，是没贴邮票……”

说完，他便神情轻松地要拆开信封。

“别，别，不要看了……”

“为什么？”

“不想让你看嘛！还给我吧。”

文子跪着蹭过来，想从菊治手里夺过信。

“还给我吧。”

菊治快速地把手上的信藏到身后。

这时，文子的左手一下按在了菊治的左膝上，伸出右手想要抢信。两只手动作一乱，身体就失去了平衡。眼看就要倒在菊治的身上了，她用左手往后撑住，右手仍要伸过去抓菊治身后的信。文子的身体向右一歪，又向前倒去，侧脸险些碰到了菊治的腹部。可是，文子灵巧地躲开了，连她按在他膝盖的左手，也只是轻轻地触碰一下。那轻柔的一触，又是怎么撑住她向右扭又向前倾的上半身的呢？

菊治看到文子大幅度斜着倾倒下来的模样，顿时浑身绷紧了。而文子那轻盈的闪避，又让他差点失声惊叫。那十足的女人气息，又叫人想起她的母亲太田夫人。

文子是如何在瞬间躲开的，又是如何收敛起自己的力道的？她的轻盈简直让人难以置信，似乎是女性本能的一种奥秘。菊治本以为文子会重重地撞到自己身上，谁知她只是轻轻触及一下，宛如一阵温馨的香味拂过。

那香馨好强烈啊。夏日里，从早到晚外出工作的女人，身上的气味总是浓浓的。菊治闻到了文子的气味，同时感受到了太田夫人的气息。那是与夫人拥抱时的气息。

“哎呀，你还给我吧！”

菊治顺从了。

“撕掉算了。”

文子转过身，把自己的信撕得粉碎。汗水濡湿了她的脖子和露出的手臂。

刚才因为怕自己倒下，文子闪过身子，脸色都发白了。直到坐正了以后，她才满脸通红。大概就在这过程中，她急出了一身汗。

三

从附近餐厅里叫来的晚饭都差不多，没什么味道。

菊治面前放着那只志野瓷的直筒茶碗，是女佣依照平时的习惯摆上来的。

菊治刚刚才发现，但文子的目光已停留在茶碗上了。

“哟，这茶碗您已经用上了？”

“是啊。”

“糟糕！”

听上去，文子并不像菊治感到的那么难为情。

“送您这件东西，我有点儿后悔了。这件事我还在信上提及了。”

“咋说的？”

“也没什么，只是表示了一下歉意，送了这么件微不足道的东西……”

“那可不是微不足道的东西！”

“并不是什么太好的志野瓷，母亲平时也只把它当作茶杯使用。”

“我不懂志野瓷，不过，这一件不是挺不错的茶具吗？”

说着，菊治把直筒茶碗拿在手上端详。

“比这个好得多的志野瓷多的是呢。您用着这茶碗，就会想到别的茶碗，会觉得其他的更好……”

“我家的志野瓷中，好像没有这种小茶碗。”

“虽然府上没有，但在别的地方还是可以看到的。所以，您使用这只茶碗时，要是想起别的茶碗，会觉得其他的更好，母亲和我都会伤心的。”

菊治哼了一声，咽了口气，说道：

“我跟茶道的缘分差不多断了，不会再去观察什么茶碗了。”

“可是，您就不会在什么场合下再见到好的？再说，一些更好的志野瓷，您过去肯定也见过吧。”

“照你这么说，送人一定要送最好的东西？”

“就是嘛。”文子索性扬起脸，盯着菊治说，“我就是这么认为的。在信上，我还劝您把它打碎扔掉呢。”

“打碎？把这只茶碗？”

文子逼视着菊治，菊治只好掩饰说：

“这件志野瓷是古窑烧成的，距今已有三四百年的历史了。当初也许是用于酒席上盛凉菜的，既不是茶碗，也不是汤碗。后来当作小茶碗用，恐怕也有些年头了。古人珍重它，并将它流传下来。或许还有人把它放在茶箱里远行呢！这样的东西，你怎么能随意摔了呢！”

据说，茶碗的碗口上还染有文子母亲的口红。

口红沾在碗口边，擦也擦不掉。母亲就是这样告诉文子的。菊治拿到这只志野瓷茶碗后，也发现碗口上有一处显得较脏，怎么也洗刷不去。当然，那颜色并不像口红，而是浅茶色的，隐隐地带点儿红，倒是有点像口红褪了色。不过，或许志野瓷本身就有隐约带红的地方。再说作为茶碗使用，嘴唇碰到的地方是固定的，难说不是文子母亲之前的物主就已经把唇印留在了碗口。可是，太田夫人平时总把它当作茶杯用，恐怕是用的最多的。

菊治又思忖，把这个茶碗当茶杯用，难道是太田夫人自己的想法吗？会不会是自己父亲让太田夫人用着试试看的呢？

他还怀疑，了入那一对黑与红的直筒茶碗，太田夫人好像就是拿来替代茶杯的，当作与菊治父亲共用的夫妻碗。

让太田夫人把志野瓷净水罐当作花瓶，用来插玫瑰花和康乃馨，又拿志野瓷直筒茶碗当作茶杯，如此看来，父亲是把太田夫人看成美的化身了吧。

他们俩去世以后，净水罐和直筒茶碗都落到了菊治手上。现在，连文子也来了。

“这倒不是我由着性子，真的，您就砸了它吧。”文子说，“送您净水罐的时候，见您欣然收下，就想起还有一只志野瓷茶具，就顺便送给您当茶杯用。可是后来又觉得挺不好意思的。”

“这只志野瓷茶碗，恐怕不能当茶杯用，否则就太可惜了……”

“但更好的还多的是呢。要是您一边用着这个，又在意其他更好的，那我该有多难受啊。”

“你的意思是说，只有最好的东西才能送人吗……”

“那也会因对象和场合而异。”

菊治的心中极为感动。

太田夫人的遗物之中，只要能让菊治想到夫人和文子，抑或是使他更能亲切地感知她们的东西，文子都希望是最好的东西吗？

菊治明白了，为什么文子一味期许，只有那无上的珍品才有资格作为她母亲的纪念品。

正是这一想法，表明了文子最高贵的感情。而眼前的净水罐便是明证。

志野瓷那冷艳温润的肌理，使菊治想到了太田夫人的肌肤。那上面丝毫不见罪孽的阴影与丑陋，难道这亦是净水罐为名品的缘故？

望着这高贵的遗物，菊治越发感到太田夫人是女人中最高尚的珍品，而那无上的珍品上是不会有一丁点儿瑕疵的。

傍晚下骤雨的那天，菊治给文子打电话说，看到那只净水罐，便很想见她。因为是在电话中，他才敢这么说。听到菊治这么说，文子才说还有一件志野瓷，并把那只直筒茶碗送到他家来。

的确，这只直筒茶碗大概不像净水罐那样名贵。

“家父好像有一只出门时用的茶具盒……”菊治想起来，说道，“里面装的茶碗肯定比这件志野瓷要差！”

“是什么样的茶碗呢？”

“我倒没有见过。”

“能让我看看吗？一定是令尊的茶碗好。”文子说，“要是比令尊的那个差，那么这一件志野瓷就可以砸碎了吧。”

“那可难说。”

饭后吃西瓜的时候，文子一面灵巧地剔除西瓜子，一面又催促菊治，说要看那只茶碗。

菊治吩咐女佣打开茶室，自己也走到院子里，打算去寻找茶具盒，可是文子也跟了过来。

“我也不知道究竟放在什么地方了。还是栗本清楚……”

菊治回过头。文子正站在那棵开满白花的夹竹桃树荫下，树根旁是她那双穿着袜子与木屐的脚。

茶具盒放在茶室厨房的横隔板上。

菊治将它搬出茶室，放在文子跟前。文子以为菊治会替她解开包裹，便端正地坐在那儿等待，过了一会儿才伸出手。

“那我就打开观赏了。”

“上面竟积了那么多的灰。”

文子刚解开包裹后，菊治便接过来，起身把它拎到院子里，掸去上面的灰尘。

“厨房的架子上有一只死知了，都长出蛆虫来了。”

“茶室倒打扫得很干净的。”

“是吗？前几天栗本打扫过了。她那天来，就是要告诉我你和稻村小姐都结婚了……因为是在晚上，也许把知了也关进了屋里。”

文子从盒子里取出一只茶碗包，弯下腰，解开茶碗包上的带子，手指有点儿颤抖。

文子那浑圆的双肩向前耸起，从侧面看去，她的颈项颀长，尤其引人注目。

她微微上翘的下唇紧紧地抿着，加上那朴实无华的耳垂，显得楚楚动人。

“这是唐津瓷[1]呀！”

文子抬起头，看着菊治说。

菊治也坐到跟前。

文子把茶碗放在榻榻米上。

“这茶碗可真好！”

这是一只直筒形的唐津瓷小茶盅，也可以当一般茶碗用。

“既结实又气派。比那只志野瓷的要好得多了！”

“不能简单地相比较吧，将志野瓷与唐津瓷……”

1　唐津瓷是唐津市的特产。唐津市位于日本佐贺县西北部，濒临唐津湾，旧城下町，以渔业和工业为主。

“可是，把它们放在一起，一看就明白呀。”

菊治也被唐津瓷的魅力吸引了，便把它放在膝盖上仔细打量。

“那就把那件志野瓷拿来看看吧。”

“我去取。”

文子说着起身走了出去。

把志野瓷和唐津瓷两只茶碗并排放好，文子和菊治不由得对视了一下。

接着，他们又同时将目光落在茶碗上。

菊治赶紧说道：“这一只是男茶碗，这一只是女茶碗啊。这么放在一起看……”

文子好像一下子说不出话来，只是点了点头。

菊治也觉得自己的那句话说得有点异样。

唐津瓷上没有图案，完全是素色的。枇杷黄色中带点青色，还有点茜草红。形状刚健有力。

“出远门也要带着它，可见令尊是多么喜欢它呀。它就像是令尊本人。”

文子说了句危险的话，但自己却没有意识到。

对于那只志野瓷茶碗，菊治却无法说它好比是文子的母亲。但摆在这儿的两只茶碗，恰似菊治父亲和文子母亲的两颗心。

三四百年前的茶碗，它们的形态健康纯正，绝不会引起旁人病态的遐想。然而，它们又是如此生机勃发，甚至带着官能之美。

当把自己的父亲与文子的母亲看成两只茶碗时，菊治觉得眼前这两只茶碗，宛若两个优美的灵魂。

而且，茶碗本身又是现实的。面朝茶碗相对而坐，令人觉得自己与文子的现实亦是纯洁的。

在太田夫人头七第二天，菊治曾对文子说过，他们俩这样相对而坐，或许有点过分。难道如今这两只茶碗纯洁的表面，能够去除曾经对罪恶的恐惧吗？

“真美呀！”

菊治一个人在自言自语。

“家父的身份并不与之相符，却爱摆弄茶碗之类的东西。他或许就是为了麻痹自己的罪恶吧。”

“嗯？”

“仔细看这只茶碗，倒难以想象出原来物主的罪恶之处。与这只传世的茶碗相比，家父的寿命真是短暂，竟不及它的几分之一……”

“死亡就在我们的脚下。太可怕了。我离死亡那么近，觉得自己不能总是被母亲的亡魂缠住，我在想方设法地做出各种努力。”

“可不是嘛。要是让已经去世的人缠住，就会觉得自己好像已不在人世了。”菊治接着说。

女佣把铁壶之类的东西拿进屋来。

她大概认为，菊治他们在茶室待了许久，总是需要烧水冲茶的。

菊治劝文子说，就用眼前的唐津碗和志野碗点一次茶吧，像在旅途中那样。

文子顺从地点点头，说道：

“为了纪念，在把它摔碎之前，就让我把母亲的志野瓷当作茶碗用一次吧。”

她从茶具盒里拿出茶刷，到茶室的厨房里洗干净。

夏日傍晚，天色未暗。

“就当作在旅行……”

文子一面在小茶碗里搅着茶刷，一面说道。

“若是旅行，住在什么旅馆里啊？”

“不一定要住旅馆嘛。或者在河畔，或者在山巅。我们想使用山谷里的溪水点茶，用凉水或许更好……”

文子从茶碗里拿出茶刷，抬起黑色的大眼睛瞥了菊治一眼，但又马上把目光收回，落在手上。

她用手托住唐津碗，将正面转向菊治。接着，她的目光和茶碗一起移向他的膝盖。

菊治觉得，文子整个人仿佛也跟着流向了自己。

这一次，文子把母亲的志野瓷碗放在自己跟前。茶刷碰到碗口边窸窣作响，她停下手说：

“真不好弄。”

“茶碗太小，不好搅动吧？”

菊治抚慰她说，但文子的手仍然在哆嗦。

手一旦停下，茶刷在小茶碗里就不动了。

文子凝视着自己僵硬的手腕，始终低垂着头。

“母亲不让我点茶呢。”

“嗯？”

菊治一下子站起身，抓住文子的肩膀，好像要扶起一个被咒语镇住无法动弹的人一样。

文子没有反抗。

四

菊治睡不着，等到防雨套窗的缝隙里露出一丝曙光时，就朝茶室走去。

前院内的石制洗手盆前，还留着志野瓷茶碗的碎片。

把四块大碎片在手上合起来，正好形成一只茶碗，只是碗边上有一个拇指一般大小的缺口。

菊治心想，那残片可能还在，便在石头间寻找起来，但马上就停止了。

抬头望去，东面的树林之间闪耀着一颗大大的晨星。

黎明时的晨星，菊治已经有好几年没见到了。他一面思忖，一面起身仰望，看见一片浮云正遮蔽着天空。

晨星在云际间闪烁，看上去更大了。亮光的边缘处，好像被水濡湿了一样。

晨星如此清澈，自己却在捡拾茶碗的碎片，要将它合拢起来，想来真是可悲呀。

于是，他把手上的碎碗片又扔回原处。

昨天晚上，不等菊治阻拦，文子就把茶碗朝石盆上砸去，顿时碎成了几片。

菊治当时并未察觉，文子悄无声息地走出茶室时，手上拿着那只茶碗。

“啊！”

菊治失声叫了起来。

茶碗的碎片散落在黑暗的石缝中。菊治顾不上去捡，而是扶住了文子的肩膀。文子蹲在那儿，把茶碗摔碎后，身子便朝石盆倒去。

“还会有更好的志野瓷的。”

文子喃喃自语。

难道她是担心菊治会拿出更好的志野瓷比较，感到伤心吗？

后来，菊治辗转难眠，越发觉得文子的这句话充满了纯洁的哀怨。

等到院子里显出黎明的曙色，他便出去捡拾打碎的茶碗。

但看到了晨星后，他又把刚捡起的碎片给扔掉了。

于是，他又抬头望天。

“啊！”

菊治叫起来。

晨星不见了。就在他看了看扔掉的茶碗碎片的瞬间，晨星躲到云层里面去了。

菊治凝望了半天东方的天空，仿佛被夺走了什么。

云层并不太厚，却怎么也找不到晨星的踪迹。天边被云层切断，贴着街市的屋顶，一抹淡淡的红色愈显深沉。

“将它扔在这儿也不行。”

菊治一人自言自语，再次捡起志野瓷的碎片，揣进了睡衣的口袋里。

就这样扔掉不管，实在令人心疼。要是近子看到了，准会受她盘问。

文子经过深思熟虑后打碎的茶碗碎片，菊治也不想保存，打算将它埋在石盆旁边。但最后他用纸把它包起来，放进了壁橱里。随后，他又钻进了被窝。

文子究竟害怕菊治拿什么东西来同这件志野瓷进行比较呢?

她为什么会有这种担忧呢?菊治实在不明白。

更何况，无论是昨晚还是今天早上，自己压根儿不曾想过要将什么人与文子进行比较。

对菊治而言，文子是不可比拟的存在，是主宰他的命运。

迄今为止，菊治时刻都记着文子是太田夫人的女儿，而现在他似乎已经忘掉了。

母亲的身体奇妙地转生到女儿的身上，诱惑着他，而今这种奇怪的感觉已消失了。

长久以来一直被丑陋的黑幕笼罩着的菊治，现在终于走了出来。

难道是文子那纯洁的痛苦解救了菊治?

文子没有抗拒，唯有纯洁本身在抵御。

这本来会让他沉入咒语和麻痹的深渊之中，但菊治却被文子带领着，从咒语与麻痹中逃脱出来，恰似奇迹。一个中毒者最终服用极量的毒药，却成了解毒剂。

菊治一到公司就给文子打了电话。听说她在神田的一家呢绒批发店工作。

文子还没有来上班。自己是因为睡不着才早早出了家门，难道文子大清早还在睡觉吗？菊治心想，还是由于害羞，今天就躲在家里不上班了？

下午，他又打了一个电话，文子仍然没有上班。菊治便向店里人打听了她的住址。

昨天寄达的那封信上，应该写着她搬家后的新地址。可是文子连信封一起撕掉，塞进了自己的衣袋中。晚饭的时候，谈到她的工作，菊治虽然记住了呢绒批发店的店名，却忘了询问她的住址。因为文子的住址好像已经植入了菊治的心里。

菊治下班后，找到了文子租借的住处。在上野公园的后面。

文子并不在家。

一个十二三岁的女孩像是刚刚放学回家，身穿水手服，走出门来，又进去问了一下后才出来回答：

“太田小姐不在家。她今天早晨说，和朋友一起外出旅行。”

“去旅行了？”菊治反问，“她出门旅行去了？今天早晨几点走的？她说去哪儿了吗？”

女孩再次折回屋内，这一次站在稍远处，有点害怕他似的回答：

“不大清楚，我妈出去了不在家……”

一个眉毛长得十分稀疏的女孩。

菊治走出大门，回头看了一眼，不明白哪一间是文子租的房间。那是一栋不大的二层楼房，带有一个小小的庭院。

“死亡就在我们脚下。”菊治想到文子的这句话时双腿都麻痹了。

他掏出手帕擦了擦脸。每擦上一次，都好像是擦去了一层血色，但他还是在使劲地擦着。手帕脏了也湿了。他发现自己背上也冒出了冷汗。

“她不会去死吧。”

菊治对自己说道。

文子给了菊治重新生活下去的勇气，这样的文子不至于去寻死吧。

然而，昨天直率的态度不正表明她一心想死吗?

或者说，她的直率是否说明她害怕像母亲一样，成为一个罪孽深重的女人?

“让栗本一个人活在世上好了……”

菊治就像对着自己的假想敌吐出了一口恶气，随后便急急地朝公园的林荫深处走去。

（一九四九年——一九五一年）

碧波千鸟

碧波千鸟

一

来热海站接客的汽车已过伊豆山，不久，就像画了圆圈似的朝下方的海边驶去。车子驶进了旅馆的庭院。门口的灯光越来越近，朝着斜开的车窗倾泻进来。

等在门口的掌柜打开车门，问：

“是三谷夫人吗?”

“是的。”

雪子轻声回答。汽车横在门口，雪子的座席在靠近大门的一侧。今天刚刚举行了婚礼，她还是第一次被人称为三谷夫人。

雪子稍作迟疑，但还是先下了车。她回头望着车里，等候菊治。

菊治脱鞋的时候，掌柜说道：

“房间安排在茶室，是栗本师傅来电话关照的。”

“什么呀?”

菊治突然在门口低低的地板上坐下，女佣慌忙把坐垫递过来。

近子从乳房长至心口的黑痣，就像恶魔的手印，浮现在菊治的脑海里。他正在解鞋带，抬起头来时，仿佛看见那只黑手就在眼前。

菊治去年卖掉了住房，那些茶具也全都处置了。自那以后，他就再没见过栗本近子，按理说与她的关系已经疏远了。可是，与雪子的婚事，莫非还是她的魔手在操纵吗？连蜜月旅行住什么样的房间都由她安排，实在令人大感意外。

菊治看了看雪子的脸，看来她并不介意掌柜的话。

他们被人从大门口带至长廊，朝着大海的方向走去，仿佛钻进了一条长长的隧道。细长的水泥通道上有好几处台阶，不知该从哪儿下去。中途，远离主房的客厅就像一只和服的衣袖，与长廊相连。顺着走廊一直走到尽头，便是茶室的后门。

这是一间八铺席大的房间。菊治正要脱下外套，发现雪子已做好接过他衣裳的准备。

“啊！”

菊治低声叫着，回过头，看到雪子初为人妻应有的举止。

桌子底下，砌有点茶用的地炉。

“那边三铺席大的茶室里，已经坐好烧着的茶釜……”掌柜放下他俩的行李说，“虽然不是上好的茶具……”

菊治惊讶了。

“那儿还有一间茶室？”

“是的。连这间大的在内，共有四间。这儿与在横滨的三溪园采用同样的格局，是依照原样迁来的。”

“是吗？”

不过，菊治一点儿也不明白。

“夫人，那边是茶席，方便时可随时使用……”掌柜对雪子说。

雪子正在折叠自己的大衣。

“回头再去看。”她说着站起身，“大海好美呀！轮船上还点着灯呢。”

“那是美国的军舰。”

“美国军舰跑到热海来啦？”菊治也走过去看，“是些小军舰呢。”

“有五艘呢。”

军舰的中间悬挂着红灯。

热海城市的灯火被一个小小的海角遮挡了，只有锦浦一带还能看见。

掌柜说上几句客套话，便与斟茶的女佣一起离去了。

两人随意地眺望一阵夜色中的大海，而后回到了火盆边。

“真可惜呀！”

说着，雪子从手提包里拿出一枝玫瑰花，整理好被压坏的花瓣。

在东京站临出发前，雪子觉得抱着一大束鲜花坐车不好意思，便把花束交给送行者，这是别人给她留下的唯一一枝。

雪子把花放在桌子上，看了看桌上的贵重物品保管袋，问道：

“怎么办？”

“贵重物品……”

见菊治手上正拿着那枝玫瑰花，雪子便问：“玫瑰？”

雪子看着菊治。

“不，我的贵重物品太大了，装不进袋子，也无法交由别人保管。”

“为什么？”刚问完，她随即会意，“那我的也不能交给别人。”

“在哪儿呢？”

雪子大概不好意思说是菊治。

“这儿……”

她看着自己的胸口，便再也没有抬起头。

对面的茶室里，传来了茶釜里开水翻滚的声音。

“看看茶室吗？”

雪子点点头。菊治自己却说：

“说实话，我倒不想看。”

“不过，人家是特意安排的……”

从茶室的门口进去，雪子照例先参观了壁龛。菊治却站在门口的榻榻米上，抱怨说：

“你说的人家特意安排，那还不是栗本事先指定的！”

雪子转身到茶炉前坐下。那正是点茶的位置。她膝盖朝着炉子，一动不动，像是在等待菊治说些什么。

菊治也坐下来，膝盖凑近茶炉。

“原本并不想提起此事，只是刚才在大门口听到栗本，我就惊了一下。那女人与我的罪孽、我的悔恨都缠绕在一起……”

雪子像是在点头。

“栗本还经常出入你家吗？”

“去年夏天，被我父亲发了一顿火，就很久没有来了……”

“去年夏天……她告诉我说，雪子结婚了。”

“哟！”

雪子也想起来似的，说：

“准是那个时候，师傅来提另一门亲事……父亲大怒，说：‘一个媒人只能提一门亲事。一门不成再提一门，这对我女儿来说简直荒唐！你不要再来愚弄我们了！’事后想想，我真得感谢父亲。能够嫁给你，也全靠父亲有力的回怼。”

菊治默然不语。

“栗本师傅也不示弱。说什么三谷少爷中邪了，还讲了些太田夫人的事情。真叫人讨厌啊，我当时浑身颤抖。听了如此讨厌的事情，为什么还会不住地颤抖呢？事后一想，我明白自己还是愿意嫁给你的。可当时，当着父亲和师傅的面，我浑身颤抖，伤心极了。父亲或许是看到了我的脸色，说道：‘凉水和热水都好喝，不冷不热的温吞水才最难喝。我女儿经你介绍认识了三谷少爷，她自己会判断的。’然后就把师傅撵走了。”

大概是管浴室的人来了，传来往浴缸里放水的声音。

“虽然很难过，但我做出了判断。师傅的事情，你完全不必放在心上。现在我坐在这儿点茶，也相当平静。”

说完，雪子抬起头。她的眼睛里映着小小的电灯，连通红的脸颊和嘴唇也散发着光亮。菊治在这张耀眼的脸上感受到十分珍爱的情感。触及这美丽的光亮，他全身上下漾起一股不可思议的温情。

“大概是去年五月吧，因为你系的是一条水菖蒲的腰带。你来到我家的茶室，我觉得你是个永远的彼岸之人啊。”

“那时你好像有什么伤心事似的。”雪子微笑着说，“你倒还记得那条水菖蒲的腰带。它已经被我放在行李中，运回家去了。”

雪子对自己和菊治都用了伤心一词，但雪子伤心的时候，菊治正双眼充血急切地寻找文子的下落。菊治没有想到，文子从九州的竹田镇给自己写来了一封长信。他马上赶往竹田。然而，在过了一年半后的今天，他还是不知道文子在哪里。

文子的信写得情意绵绵，力劝菊治忘了她们母女俩，与稻村小姐结婚。那是文子与菊治的诀别信。文子仿佛与雪子调了个位置，成了永远的彼岸之人。

所谓永远的彼岸之人，在这个世上并不存在吧！这样的说辞，菊治现在觉得不宜随便乱说。

二

回到八铺席大的房间时，见桌上放着一本相册，菊治便翻开看。

“哦，原来是这间茶室的照片呀。我还以为是来这儿新婚旅行的影集呢！让我吃了一惊。”他转向雪子说。

相册的扉页上，贴有一份茶室由来的简介。据说寒月庵曾是江户“十人众”之一河村迂叟的茶室，后迁至横滨三溪园。因遭遇空袭，顶穿墙倒，门窗隔扇散落，地板破裂塌陷，其状荒废朽蚀，惨不忍睹，故于今日移至旅馆庭院之内。因为是温泉旅馆，除增设浴池之外，其余皆照搬原有的格局，充分利用原来可用的古旧材料。战后初期，因燃料不足，大概是近处邻人将倾覆的木料当作了柴薪，因而廊柱上尚存柴刀劈砍的痕迹。

“上面还说，大石内藏助[1]也曾参观过寒月庵呢……”

雪子一边翻阅一边说。

由于迂叟常常出入赤穗藩，他所拥有的荞麦茶碗“残月”流传下来，人称“河村荞麦”。茶碗的一侧是薄胎绿釉，另一侧是薄胎黄釉，景色各不相同，题款为“晓空残月”。

有几幅照片是三溪园茶室被炸毁后的情景，后面接着

---

1 即大石良雄（1659—1703），日本播州赤穗藩家臣总管，通称“内藏助”。元禄十五年（1702），为替驻军浅野长矩报仇，率领赤穗藩浪人武士四十六人攻入吉良上野介的宅邸，杀死吉良义央。1703 年 2 月，幕府令大石等四十七名武士剖腹谢罪。这一历史事件成为净琉璃和歌舞伎等剧本的题材，最著名的有竹田出云著的《假名手本忠臣藏》。

的是从迁移、动工到落成时举行庆祝茶会的照片。

倘若大石良雄来过这儿，那么寒月庵最晚在元禄[1]时代就应该建成了。

菊治环视房间的四周，见这儿用的几乎全部是新木材。

“刚才那茶室里的壁龛柱子，好像是原来的。”

他们俩在三铺席大的小茶室里待着的时候，女佣来关防雨套窗，茶室的照片大概就是她那时放下的吧。

雪子一边翻看照片，一边说：

“你不去换换衣服吗？”

“你呢？”

“我穿的是和服，就不换了。你去洗澡时，我把人家送的礼物、点心等拿出来吧。”

浴室里弥漫着一股新木材的清香。从浴缸到冲澡处、墙壁与天花板，都是颜色柔和的木板，木纹笔直，十分美观。

长廊上传来女佣的说话声。

菊治走出浴室，雪子并不在房间里。

八铺席大的房间里，被褥已经铺好了，桌子也挪到了

1　元禄是日本江户初期的年号，在贞享之后，宝永之前。1688 年至 1704 年期间，为德川家第五代将军纲吉治世。在文治政治之下，农业生产与商品经济迅速发展，市民（町人）势力兴起，文化繁荣，史称“元禄时代”。

一旁。想必女佣来铺床时，雪子就到刚才那间三铺席大的小茶室里去了。

“炉子里的火就这样行吗？”

对面屋里传来雪子的问话。

“行吧。”

听到菊治的回答，雪子立刻走了回来。她不知该往何处看，便看着菊治问：

“舒服吗？”

“瞧这……”

菊治说着，看了看自己换上旅馆的和服式棉袍和外褂的模样。

“你也去泡一下吧。水温正合适。”

“嗯。”

雪子走到右边三铺席大的小茶室，从旅行箱里掏着什么，接着又拉开八铺席大房间的门，坐了下去。她把化妆包放在身后的走廊上，然后不由得把手伏在榻榻米上，红着脸略施一礼。她取下戒指，放在梳妆台上就走了。

菊治没有想到她会施礼，差点儿“啊”地叫出声来。他感到雪子真是可爱。

菊治起身，去看雪子的那枚戒指。他没有去碰，只是捏着戒指上那颗墨西哥蛋白石回到火盆旁。在灯光下，宝石闪烁着红的、黄的、绿的光亮，转动一下，忽而消失，忽而再现。在透明的宝石上，亮光摇曳，令菊治惊异。

雪子从浴室出来，又进了右侧那间三铺席大的小茶室。

八铺席大茶室的左侧，隔着一条狭窄的走道，有三铺席和四铺席半的两间小茶室，右侧有一间三铺席大的小茶室，女佣把他俩的旅行包都放进了右侧的小茶室里。

听动静，雪子是在那儿叠了一阵和服。“我把这儿的纸槅门打开一点儿好吗？怪叫人害怕的。”

说着，她起身把八铺席的大间和三铺席的小间的纸槅门拉开了大概一尺来宽。

菊治发现，这儿距离主屋有两三丈远，只有他们俩住着。看到照进雪子所在的小茶室的亮光，菊治问道：

“那里也是个茶室吗？”

“是的。可能是圆炉吧，就是地板上嵌进了圆圆的铁炉……”

话音刚落，他便看到纸槅门的那一头，雪子折叠的那件和服的下摆在翻动。

“千鸟……”

“是呀，千鸟是冬季的鸟，所以把它染在衣服上。”

“是碧波千鸟啊。”

“碧波千鸟？就是在碧波上飞翔的千鸟。”

“是叫夕波千鸟吧？有一首和歌写道：淡海波涛阔，夕阳千鸟鸣[1]……”

“夕波千鸟？……在碧波上飞翔的千鸟，称作碧波千鸟吗？”

雪子慢悠悠地说着，将印染千鸟的下摆折叠起来。千鸟消失了。

三

是因为经过旅馆上方的火车声响，菊治才惊醒的吗？

比起天刚黑的时候，火车的轰鸣更近，汽笛也更高亢，因此可以推知此刻是深夜时分。

火车的声音并没有响到足以把人震醒，但自己还是惊醒了，菊治对此并不奇怪，奇怪的倒是自己刚才居然睡着了。

他比雪子先入睡了。

现在，听到雪子平静的鼻息，他多少有些宽慰。

她是因为婚礼前后的劳累而入睡的吧。菊治随着婚礼

---

1 为《万叶集》第二百六十六首，柿本人麻吕作：淡海波涛阔，夕阳千鸟鸣，汝鸣心绪动，思古起幽情。参见杨烈译《万叶集》(上卷)，湖南人民出版社 1984 年版。

的临近，内心彷徨悔恨，夜夜失眠，而雪子必定也有过不眠之夜吧。

雪子能睡在身边，似乎是不大可能的事，但她身上的幽香确实充溢在枕边。

也不知雪子用的是什么牌子的香水，她身上的幽香、她的鼻息、手上的戒指，还有和服上碧波千鸟的图案，所有这一切都属于菊治。这份亲近感，即使半夜因不安而醒来也不见消失。有生以来，他还是第一次感触到这样的情感。

但是，菊治却没有打开电灯去端详雪子的勇气，只是拿起枕边的手表，去了洗手间。

“哦，五点多了。”

菊治想，自己在太田夫人和她的女儿文子身上感受到的那种自然无碍的东西，为何在雪子身上却变得如此异常呢？难道是自己良心在抗争？是在雪子面前自惭形秽？还是太田夫人和文子依旧牢牢地缠住他？

用栗本近子的话说，太田夫人是一个有妖气的女人。今夜的房间是近子事先指定的，这让菊治感到不快，心有抵触。

就连雪子穿一件并不习惯穿的和服来到此地，他也怀疑是近子指定的。

“你怎么旅行不穿西装呢?”

临睡前，菊治还委婉地问起过。

“有人说，今天穿西装有点煞风景。再说，刚认识你的时候，两次都在茶室，穿的都是和服……”

菊治没问这是谁说的。他又在想，恐怕这千鸟图案也是近子让雪子为新婚旅行染上的吧。

“刚才说的那首夕波千鸟和歌，我挺喜欢的。”菊治为自己掩饰。

“什么和歌?”

菊治说:“是人麻吕的和歌。”

他的手轻轻抚摸着新娘的脊背。

“呀，真是幸运啊!”他不由得说着，因为害怕吵醒雪子，动作极其温柔。

凌晨五点醒来，菊治即使在不安与焦虑中也强烈地感受到了雪子的珍贵。她那轻轻的鼻息、隐约的香气，足以使他感到甜蜜温良，仿佛得到了宽恕。也许那是一种自私的陶醉，但他确实得到了只有女人才能给予罪人的宽恕。难说这是一时的感伤还是一种自我麻痹，但确实是一种来自异性的救赎。

菊治思忖，哪怕明天就与雪子分手，自己也会一辈子感激她的。

内心的不安与焦虑一旦缓释，菊治反而觉得有点儿寂清。雪子也曾因为不安与难以决断而胆怯过吧。不过，菊治并不敢摇醒雪子，而是再次拥抱了她。

涛声依旧，时时可闻。他以为天亮前自己不会再睡去，谁知竟又入睡了。睁开眼睛时，明媚的阳光已经照到了纸槅门上。雪子却不见了。

菊治惊讶地想，难道她逃回去了？此时已经过了九点。

打开槅扇门，见雪子正坐在草地上。她抱着双膝，凝望着大海。

“我睡懒觉了。你几时起床的？”

“七点左右。好像是掌柜来烧开水，我就醒了。”

雪子回过头，羞红了脸。今天早晨，她换上了西装，将昨夜的红玫瑰插在胸前。菊治松了一口气。

“这朵玫瑰花居然还没有蔫掉。”

“昨晚洗澡时，我把它插在洗手间的玻璃杯里养着，你没注意吗？”

“没注意到。”菊治回答，“你洗过澡了？”

“是的。我起来后，无事可做，就轻轻打开木板套窗，来到草地上。正好看见美国军舰往回开呢。说是他们晚上来玩乐，一早就回去。”

“军舰来玩？这真奇怪！”

“是打扫院子的人说的。”

菊治打电话告诉账房自己起床了。他洗过澡也来到了草地上。天气暖和，令人觉得不像在十二月中旬。吃完早餐后，他俩坐在朝阳的走廊上。

大海上闪耀着银色的光芒，放眼望去，波光随着时间的推移而变化着。伊豆山到热海，接连不断的岩礁就像小小的海角向外突出着。浪拍岩脚，波光变幻。

“看下面的海，就在那儿，明亮得像星星在闪烁。”雪子指着海面说，“就像蓝宝石上的星彩……”

此刻，海面上是一片明灭变幻的光亮，灿若繁星。那点点的光辉此起彼伏着。近处，一道道的波光看上去是分开的。而在远处，波光如镜，似有一片星光聚集。凝目望去，远处的波光也在涌动。

茶室前有一块狭小的草地。在草地的一角，可以看到一棵枝头已染色的夏橘。一段缓缓的斜坡一直延伸到海边。成排的松树傍水而立。

“昨晚，我仔细看了看你戒指上的宝石，美极了……”

“这波光，像是蓝宝石上的星彩。它是最像钻石的光了。”

雪子看了看手上的戒指，又凝视着大海。

眼前的景色正好适合谈论宝石，而且这又是他们俩共同拥有的时光，然而，菊治却无法全然陶醉于此刻的幸福。

菊治把父亲的房子卖掉了，就算能把雪子领进现在简陋的新家，但要提起在那儿经营新家庭，菊治觉得自己似乎尚未真正进入结婚的状态。何况，只要聊起彼此的往事，不提到太田夫人、文子和栗本，是完全不可能的。所以，菊治无法提过去和未来的事情，只能谈眼前的现实。

雪子的心中又是怎么想的呢？阳光沐浴之下，她的脸光彩艳丽，无拘无束，那是对菊治的一种怜恤，还是感激菊治在新婚之夜对自己的体贴？

菊治有些坐立不安，很想活动活动。

他们在这家旅馆预订了两晚，中午就到热海饭店用餐。西式小餐厅的窗前，竖立着残破的芭蕉叶，对面还有一丛苏铁树。

“小时候，爸爸带我来这儿过年，那苏铁树和那时的竟然一个样。”

说着，雪子转头环视面朝大海的庭院。

“我父亲也不时会来这儿，要是那时候我跟着来，说不定能遇见小时候的雪子呢！”

“那可不好。”

“小时候就认识，不挺有趣吗？”

“小时候就认识，说不定就结不成婚了。”

“为什么？”

“因为我小时候很聪明。”

菊治笑了。

“爸爸常说我小时候聪明，但后来我越长越笨了。”

从雪子为数不多的话语中，菊治可以想象雪子在四个兄弟姐妹之中是最受父亲喜爱的。如今，她那双聪明的眼睛依然闪着光辉，小时候的面影犹在。

四

从热海饭店回来，雪子就给母亲打了电话，可是并没有什么要说的。

“母亲问我们怎么啦，有点担心呢。你要来听电话吗？”

“不必了，帮我请个安吧。”

菊治随口推辞了。

“是吗？”

雪子回头望着菊治，又说：

“母亲问你好，要你多保重……”

菊治一开始就明白，因为电话在房间里，雪子无意背着自己向母亲诉苦。

然而，雪子的母亲又有什么可担心呢？是出于女人的直觉吗？是新婚旅行的第二天，新娘就给娘家打电话的缘故？女儿的一通电话会让新娘的母亲吃惊吗？菊治无从知晓，但转念一想，新娘若被丈夫缠住而感到羞涩，就不会打电话了。

四点多，三艘美国的小型军舰驶来了。遥远的网代那边，天空中飘着少许云彩，融化成一片云霭，就像春季傍晚的海面一样。军舰在缓缓地移动，宛如运来了饥饿的情欲，却又像是几只平静的轮船模型。

“军舰果然是来玩的。”

“今天早晨，我起来时看见昨晚的军舰正在往回开。”雪子说，“因为无所事事，所以一直目送着它们远去。”

“你坐着等了两个多小时，直到我起床吗？”

“感觉上好像更久。奇怪的是，待在这儿觉得很快乐。我心想，等你起来后，要对你说很多话……”

“是什么话呢？”

“尽是些不得要领的话。”

天色还很明亮，开来的军舰却已亮灯了。

“我为什么要结婚？你是怎么看的？要是能告诉我该多么有趣啊！这样的事，也想跟你说的。”

“嗯，这倒不是我怎么看的问题。”

“你说得也对。不过，这姑娘为什么要嫁给我呀？你如果细细想一下，不是挺有趣的吗？反正我听了会感到愉快的。你说我是永远的彼岸之人，怎么会产生这种想法的……”

“去年，你来我家茶室的时候，和现在用的是同一个牌子的香水吧？”

“是的。”

“就在那一天，我觉得你是永远的彼岸之人。”

“哟，你不喜欢那种香水味吗？”

“不是的。到了第二天，雪子的余香还留在茶室里，我还跑过去闻了……”

雪子惊异地望着菊治。

“也就是说，我必须对你断了念想，雪子可是一个永远的彼岸之人啊。”

“你那么说，真让我伤心。你是因为别人才那么说的……这些我都懂。现在我想听你只对我说的话。”

“向往。”

“向往？……”

“是吧。断念与向往，这两者都有。”

“你说向往，这话让我吃惊，但我自己曾经也有过断念，或许那正意味着我有过向往。可我却想不出断念和向往都有这样的话来。”

“这是因为向往或许是对有罪之人而言的……”

“你又在说别人的事了!”

“不，不是的!”

“没关系。我甚至想过，你即使是一位有妇之夫，我也会照样喜欢的。”雪子那双明亮的眼睛熠熠生辉，“不过，要说什么向往，有点叫人害怕，请别再说了。”

“是啊，昨夜，就连你的气息都属于我了，真是不可思议啊……”

“……”

“但是，那种向往之情是不会消失的!”

“你马上就会失望的!”

“我绝对不会失望!”

菊治斩钉截铁地断言。因为他对雪子怀有深切的感激之情。

雪子忽然间大受感动，以坚定的语气回应说:

“我也绝对不会失望，我发誓!”

然而，再过五六个小时，让雪子失望的时刻不就要来了吗?即便雪子不失望，抑或止于疑惑，可是菊治还是会对自己感到失望，对自己感到寒心。

他感到害怕，自昨晚开始便一直在讲话，讲到很晚。也是从昨晚开始雪子亲密地陪着他，在适当的时候还为他轻柔地泡上一壶粗茶。

菊治在浴室里刮光胡子，抹上护肤霜的时候，雪子也坐在梳妆台旁陪着他，用手指挑上一点他的护肤霜。

“这是爸爸用的，一向是我给买的……”

“那我也用同样的牌子吧？”

“还是用不一样的好。”

今晚，雪子又把睡衣放在膝头，依然略施一礼，而后去洗澡。

“晚安！”

她轻轻地扶着榻榻米，理理下摆，灵巧地钻进自己的被窝。举手投足之间，她充溢着少女纯洁之态，令菊治心动不已。

但是不久，在一片漆黑之中，菊治闭上颤动的眼睑，竭力去回想当时的情景：文子没有抵抗，只是她纯洁的本身在抵御。那是卑鄙和污浊的挣扎。他在胡思乱想之中，试图借蹂躏文子的纯洁，去羞辱雪子的纯真。多么歹毒的恶念啊。雪子那纯洁无瑕的作为，虽然令菊治感到痛苦，却诱发了他对文子的回忆。

而且，在对文子的回忆中，菊治不由得想起太田夫人那女人热潮来临时的情景。那是咒语的魔力，还是人类的本性？不管怎么说，夫人死了，文子已不知所踪，但如果说她们母女俩只有爱而没有恨，那么此刻令菊治如此凄惨、惶然的，又是什么呢？

菊治对于自己陶醉在太田夫人那女人的热潮中感到悔恨，现在他觉得自己的身体像麻痹了一样，令人恐惧。

忽然，雪子的枕头上响起了秀发摩擦的声音。

“我们聊一聊吧。”

听到雪子的话，菊治吓了一跳。

可能是因为罪人的手轻轻地抱上了圣洁的处女，菊治不由得热泪盈眶。

雪子温柔地把脸埋在菊治的怀里。不久，她轻轻地啜泣起来。

菊治压低声音，颤抖地问：

“怎么啦……伤心了？”

“没有。”

雪子摇摇头。

“一直喜欢你三谷，但从昨天起，我更加喜爱你了，所以就哭了。”

菊治爱抚着雪子的下巴，把嘴唇凑了上去。他再也不去掩饰自己的泪水。对太田夫人和文子的胡思乱想，刹那间消失得无影无踪。

与纯洁的新娘过上几天清静的日子，难道就不行吗？

五

第三天依旧晴朗，大海暖洋洋的，雪子先行起身去梳洗打扮。

早上，雪子听女佣说，昨晚共有六对新人来旅馆度蜜月，只是因为茶室偏远、靠近大海，所以听不到嘈杂的人声，也听不到唱机里播放的小提琴伴奏的歌声。

不知今天的阳光是怎么了，直到下午都见不到闪闪的波光。昨天星光闪烁的海面上，今天出现了七条渔船，领头的是一艘噗噗发声的蒸汽机船，拖曳着后面的六条船，从大到小，井然地排成一队。

“简直像个家庭呢！”

菊治微笑着说。

旅馆送了两双夫妇筷作为纪念。筷子用一张印有仙鹤的粉红色日本纸包着。

菊治忽然间想起什么，问道：

“那块千鹤的包袱皮带来了吗？”

“没有。全都是新的，真叫人不好意思。”

雪子说着就脸红了，就连美丽的双眼皮和眼角都红了。

“我的发型也变了嘛。不过，人家送我们的礼物上是带有仙鹤图案的。”

在三点之前，他们坐车去了川奈。

有许多渔船驶入了网代的码头。有的船油漆成了白色。

雪子回过头，望着热海。

“大海的颜色变得像粉红色的珍珠了，真是像极了。”

“粉红色的珍珠？”

“是的。我有一副耳环和项链都是粉红色的，要拿给你看吗？”

“到旅馆后再看吧。”

热海山上的皱襞阴影慢慢地变深了。

有个男人拉着板车迎面而来，他的妻子坐在车上的劈柴堆上。

“真想过那样的日子。”雪子说。

菊治不禁感到羞愧。雪子现在是不是在想着与心爱的人结婚，即使过着贫贱的生活也愿意呢？

一群群的小鸟在海边成排的松树间飞行。它们的速度几近赶上汽车，只是汽车稍快一点。

雪子发现，今天早晨在伊豆山上的旅馆看到的七艘拖船，它们已经驶到了这儿。依然是从大到小排列着，像是和睦的一家人，一直拖到岸边。

“仿佛是来与我们相会的。”

雪子因此刻的喜悦，对这些船只也生出了亲切之感，这使菊治的心情也变得轻松了。现在该是他们一生中的幸福日子吧。

去年，从夏到秋，菊治都在寻找文子的下落。正不知是累了还是着魔了的时候，雪子独自一人来访了。好似一个身处黑暗之中的人忽然见到阳光，菊治觉得她是那么耀眼，但又心生疑惑。雪子虽然显得拘谨缄默，但自那以后，她便不时来访。

不久，菊治收到雪子父亲的来信：承蒙你与小女交往，未知是否有意结为夫妇。之前，曾通过栗本近子谈亲事，我和内人也希望小女能如愿嫁给她一开始就喜欢的人。这封信表明了她的双亲对两人交往的担心，也可以视作对菊治的提防，当然也是父亲代为转达女儿的心意。

从那一天至今日，已经整整一年了。菊治的心思总是在等待文子和得到雪子之间摇摆。但是，每次他思念太田夫人和文子，因悔恨而沮丧时，眼前总会出现一个幻影：在晨空或夕照之中，千只白鹤翩翩起舞。那就是雪子。

为了观赏拖船，雪子向菊治这边走来，之后再也没有回到自己的位置上。

到了川奈饭店，他们被带进三楼尽头处的一个房间。两边没有墙壁，是利于观光的大玻璃窗。

“大海变成圆的啦！”雪子明朗地说。

原来水平线画出了一个浅浅的圆弧。

草坪对面的游泳池边，五六个身穿浅蓝色制服的女捡球员背着高尔夫球袋，走了上来。

西窗外，可以望见登富士山的路线。

他们想去开阔的草坪上走走。可一出门，菊治便背对着西风说：

“好大的风呀。”

“有风怕什么，走吧！”

雪子用力拉着菊治的手。

回到房间，菊治先进了浴室。这期间，雪子重整头发，换了件衬衣，准备去餐厅。

“要看看它们吗?”

说着，雪子把自己的耳环和项链拿给菊治看。

晚饭后，他俩在日光室里待了一阵。那是个椭圆形的大房间，向外凸向庭院。由于是平常的工作日，室内只有菊治他们俩。四周围着窗帘。椭圆形的另一端，两盆名为少女茶的山茶花正盛开着。

接着，两人来到大厅，在壁炉前的长椅上坐下来。大块的木柴在燃烧。壁炉上放着两盆大朵的君子兰。长椅后面，大花瓶里插着早开的红梅，相当艳丽。天花板很高，是英国风格的木架结构，显得十分沉稳。

菊治靠在皮椅上，长久注视着炉火。雪子也一直坐在那儿，脸上红扑扑的。

回到房间，厚厚的窗帘已经拉上了。

房间虽大，却只是个单间，雪子到浴室里换了衣服。

菊治穿着旅馆备好的浴衣，坐在椅子上。换上睡袍的雪子不觉间站在了他的跟前。

铁锈红底上散落着碎白小花，这种新款花样好像也可以做成西服，现在做成元禄袖[1]式的和服，显得自由舒适、纯真无邪。她穿着这样的和服，系着一条绿色的软缎窄腰带，活像个西洋人偶。红衬里下露出雪白的浴衣。

"这和服真漂亮，是你自己设计的？叫元禄袖吗？"

"跟元禄袖稍有不同，是我随便做着穿的。"

雪子说着，向梳妆台走去。

房间里只有梳妆台上的灯亮着，他们在这微光中入睡了。

菊治猛然睁开眼睛时，听到咚咚的巨响。风声凄厉。庭院边上是断崖，他觉得是巨浪拍打的声音。

他看看雪子那边，她居然不在床上，而是站立在窗边。

"怎么啦？"

1　元禄袖，和服的袖型之一，吸收了江户元禄时代圆袖的特点，袖筒较大且短。

菊治下床走了过去。

“咚咚的声音好吓人。海上喷出了粉红色的火焰。你看……”

“那是灯塔吧。”

“把我吵醒了，害怕得睡不着。从刚才起就一直在这儿看。”

“是波涛的声音啊。”菊治把手搭在雪子的肩上说，“把我叫起来就好了。”

雪子的注意力似乎还在海上。

“你看，那粉红色的亮光。”

“是灯塔。”

“虽有灯塔，可是比灯塔的光大，突然冒了出来。”

“那是海涛声吧。”

“不是。”

听起来像是拍击断崖的波涛声。天空挂着一弯冷月，海面暗沉，一片静谧。

菊治也看了一阵。灯塔的明灭和粉红色的闪光不同。粉红的闪光相隔时间较长，且不规则。

“是大炮吧。我还以为发生了海战呢！”

“哦，是美国军舰在演习吧？”

“是吗？”雪子也同意，“真吓人，太可怕了。”

她的肩膀也软瘫下来，菊治抱住了她。

夜空中的一弯冷月照在海面上，风声呼啸，远处粉红色的火光之后还有隆隆的声响，菊治也觉得惊骇。

“在这样的夜晚，你不该一个人看啊。”

菊治紧紧地拥抱着雪子。雪子羞怯地搂着菊治的脖子。

一阵痛彻心扉的悲哀袭来，他断断续续地说：

“我啊，不是不行，不是不行！但我那羞耻和背德的记忆，不允许我呀！”

雪子沉沉地靠在菊治的怀里，像是昏迷了过去。

诀别之旅

一

蜜月旅行结束后，菊治把文子去年的来信拿出来，在烧掉之前又读了一遍。

在开往别府的小金号客轮上，十月十九日……

您是不是还在找我？请原谅，就把我当作一个下落不明的人吧。

我已经决意不再见您，所以我想这封信是不会寄出的。哪怕要寄，也不知是何时的事了。我要去父亲的故乡竹田镇，但倘若这封信寄到您的手里，说明那时我已经不在竹田镇了。

早在二十年前，父亲就离开了故乡，我对竹田镇也一无所知。

石山绕四方，中央竹田清水澄，秋季溪流淙淙响。

天然竹田镇，不似人工构筑城，山洞权作出入门。

玲珑竹田镇，处处芒草一片白，不分城内与城外。

我只能凭着与谢野宽和晶子的《久住山之歌》和父亲的话，来想象他的故乡。

我要回到父亲那陌生的故乡去。

据说，久住镇有个父亲从小就认识的人。他创作的和歌如下：

故乡山长在，一片暖心情温柔，声声入耳清溪流。

原野连天阔，一望无垠青青碧，乡情犹胜幼年时。

并非心独忧，群山亦自黯然愁，能见乌云遮山头。

拂逆之心思，不知不觉终消失，但求伊人得安谧。

这些和歌也将我引向父亲的故乡。

匍匐大师前，又似巍峨久住山，衷心景仰师表峦。

自知心不足，常常拜谒青山岭，虚心求教是正路。

云翳蔽青山，倏如伊人去无踪，久住云深不知险。

与谢野宽的上述和歌也在引诱我进入久住山（亦可写作九重山）。

尽管上面写了“拂逆之心思”那首和歌，但我对您却没有一点儿拂逆的意思。要是有的话，那也是对我自己或是对我自身命运的拂逆。但这与其说是拂逆，不如说是悲哀。

何况，事情已经过去三个月了。我所祈求您得到的，唯有“安谧”。我不该给您写这封信。原本是要写给自己的，结果变成写给您的了。写完后，也许我会把它扔向海里。或许，它会成为一封永远也写不完的信。

男侍正依次拉上大厅里的窗帘。除了我以外，大厅里还有两对外国的年轻夫妇坐在另一端。

我是一个人独自旅行，就订了一等舱。我不愿意和许多人待在一起。一等舱是两人一间，另一位是别府观海寺温泉旅馆的老板娘。说是女儿嫁到大阪，她去伺候完月子回家的。

她说：“在大阪简直没法好好睡觉，我是想好好睡上一觉才坐船的。”从餐厅回房后不久，她就上床睡了。

我们乘坐的小金号驶出神户港的时候，一艘叫作苏伊士之星的伊朗轮船正在进港，那艘船的形状很奇特。

老板娘告诉我：“大概是客货两用吧！”我心想，连伊朗的船都开进我们的港口了。

轮船离港越来越远，神户的市街和后面的山峦看上去暮色苍茫。已经到了夜长日短的秋季。一到夜晚，海上保安官便广播起安全注意事项：船内严禁赌博，受害者亦须受罚……

“今天在船上赌博的可能性非常大。”

大概是专业的赌棍混进了三等客舱。

温泉旅馆的老板娘睡着了，我来到了大厅。两对外国情侣中有一个是日本女人，看样子她已经结婚，丈夫不是美国人，好像是欧洲人。

忽然之间觉得，与外国人结婚，远远地躲到国外，这样的生活也不错。

在胡思乱想些什么呀？我自己也吃了一惊。即使是在船上，想到结婚什么的也实在是出人意料。

那个日本女人像是出生于一个好人家，却在表情和举止上竭力模仿洋人。她那德行算不上不好，可我总觉得有点做作。或许她总记着自己嫁给了洋人，有点儿臭美，才会表现出那样的举止。

不过，这两三个月中，我不知道有什么事能让我动心。在府上茶室前的石盆上摔碎那只志野瓷茶碗，真叫我羞愧难当。

我当时说，还会有更好的志野瓷的！那时候，我真是这么想的。

我把那件志野瓷净水罐当作母亲的遗物送给了您。见您欣然接受，我竟一时疏忽，把那只直筒茶碗也送给了您。但是，后来我一想到还会有更好的志野瓷，就有些坐立不安了。

“照你这么说，送人的东西也必须是最好的吗？”您当时这么说过。这个“人”，也只限于菊治先生您啊。我是这样坚信的，也是出于我一门心思要美化母亲的意念。

对于已经离世的母亲，对于尚且苟活着的自己，除了把母亲想得完美之外，当时已是无药可救。我的心满满地胀着，仿佛着了魔，把那件并非最好的直筒茶碗当作母亲的遗物给了您，心中后悔不已。

三个月后的今天，我的心情也为之一变。是美梦破碎，还是噩梦苏醒？我不知道，可那只志野瓷茶碗被摔碎的时候，正是母亲与我同您彻底诀别之际。摔碎了志野瓷茶碗，虽然令人羞愧，却未必不是一件好事。

"那茶碗边染上了她的口红……"当时说这话的我，想必是鬼迷心窍了吧。

说到这儿，还有一件事，也是叫人毛骨悚然的记忆。我父亲还在世时，有一次栗本师傅来，确切时间记不清了，好像提到了长次郎。父亲拿出黑乐茶碗来。

"哟，全都发霉了……保管得太不用心了。用过后就这么收起来了？"师傅双眉紧蹙地说。茶碗的一面长了霉斑，活像水菖蒲枯萎的颜色。

"拿热水洗刷过了，洗不掉。"

师傅把濡湿的茶碗搁在膝盖上，死死地盯着它看，突然用手指挠挠头发，再用那只油腻的手搓茶碗，霉斑消失了。

"哎，太好了！您瞧。"师傅扬扬得意，可父亲没伸出手。他说："这么搞真是太脏了，太腻味了，叫人恶心。"

"我去洗干净。"

"怎么洗也没用了。我不想再用这只茶碗了。你觉得好，就送给你吧！"

年幼的我坐在父亲身旁，还记得那种恶心。

后来听说师傅把那只茶碗卖掉了。

碗边上染有女人的口红也是如此，令人作呕。

请您把母亲和我忘掉，和稻村小姐结婚吧……

二

于别府观海寺温泉，十月二十日……

要是从别府坐火车经过大分去竹田，这样走会快一点，但我想靠近九重的群山去“景仰”一番，就选择了如此的路线：越过别府后面的由布山麓，从由布书院坐火车到丰后中村，再进入饭田高原，翻山往南，然后从久住镇去竹田。

竹田虽是父亲的故乡，对我而言却是陌生的城镇。在父母皆已离世的今天，真不知道会由何人怎样地迎接我。

小镇给人的感觉像是心灵的故乡。父亲曾这样说过。也许它就像与谢野宽夫妇的和歌中所描绘的那样，岩石环绕着镇子的四周，出入都要钻过石头的门洞。

如果母亲还在世，她一定会详细地告诉我，尽管听说在我出生之前，父亲也只带她来过一次。

在我原谅令尊与我母亲的当时，我就觉得自己好像背叛了父亲。可是，我为什么会被父亲的故乡，对我而言只是异乡的小镇吸引呢？这个是故乡又非故乡的小镇，如今已成了我眷恋的土地吗？在父亲的故乡小镇，难道有着母亲和我赎罪的清泉吗？

回归老家来，先是叩见慈父颜，其后拜谒故乡山。

这也是《久住山之歌》中的一首和歌。

我在想，从原谅令尊与我母亲的那一刻起，便孕育了我们母女后来的罪孽。想来那就像是诅咒，将您紧紧地箍住，叫您备受折磨吧！然而，无论什么样的罪孽与诅咒，终有穷尽的时候。将那只志野瓷茶碗摔碎的那天，我想，就是这一切已经结束的证明。

我只爱过两个人，就是母亲和您。我说我爱您，您一定会感到惊讶吧！就连我自己也有点儿吃惊。可是我想，自己还是把这份感情隐藏起来为好，这样反而能祈求“伊人”的“安谧”。菊治先生对我做的事情，我一点儿也不责备您，也不怨恨您。我想到的只是，自己的爱遭到了最大的报应，受到了最严厉的惩罚。这两份爱都走向了终结，一个是死，一个是罪。母亲以死做了清算，而我则负罪遁走。

“啊，我真想去死！”母亲总这么说，像是她的口头禅。她那么想见菊治先生，我一加劝阻，她就马上吓唬说：“你想让我去死吗?”自从在圆觉寺的茶会上遇到菊治先生，母亲就有了自杀的念头，这也是我在摔碎志野瓷茶碗那天明白的。遇见您，成了她自杀的由头，但她一心想要去见您，反而保全了那条朝不保夕的性命。是我对她的阻拦，促使她走上了死路。摔碎志野瓷茶碗的那天，连我都产生了寻死的心思，因此，我更能理解母亲了。我想，如果母亲不死，我早就死了。正是母亲死了，我才活着。

当时，把志野瓷茶碗摔到石盆上，我就昏了过去，差点瘫倒在石头上。是您扶住了我。我喊了一声："妈妈!"不知您是否听见了。也许我并没有喊出声。

您说我那个样子是不能回去的，又说要送我回去。可我只顾着摇头。

"我不会再见您了。"我逃跑似的往回走，浑身上下冷汗淋漓，真想着去死。我不是在怨恨菊治先生，而是自觉走上了绝路，前方已经没有路了。我的死和母亲的死连在一起，似乎是理所当然的。如果说母亲是因为不堪忍受自己的丑恶自杀的，那么我也是这样。我还有这样的意念：在悔恨的火焰中，自有盛开的莲花。因为我深爱着您，您无论对我做过什么，也绝不会是丑恶的。我像是夏日的飞蛾扑火而去。母亲是觉得自己丑恶才死去的，而我却要把她想得完美，难道我是在这样的梦幻中迷失了自己吗?

只是我与母亲有不同之处。母亲只见过您一次，她的心就再也不能安宁了，一心只想着见您。可是我呢，只见过您一次，梦就破碎了。我的爱才刚刚开始就结束了。与其说我是在压抑和践踏这份感情，毋宁说是被人推落，被人抛弃了。

啊，这可不行！我在心里想，母亲死了，我也完蛋了。您还是与稻村小姐结婚吧，那对我也算是一种救赎吧！

您要是找我、追我，那我只得自杀。或许这话是说给我自己听的，但正像我要把母亲想得美好而把自己遗忘一样，我想在菊治先生的周围，把我们母女的痕迹全部抹除掉。

栗本师傅说，是母亲和我妨碍了您的婚事。待清醒过来，我完全明白了她的意思。师傅还说，自从见了我母亲，您的性格完全变了。

摔碎志野瓷茶碗的那天晚上，我一直哭到第二天早晨。我去朋友家恳求她陪我外出旅行。

“你这是怎么啦？眼睛都哭肿了……你母亲死的时候，你也没这样哭过呀！”朋友觉得诧异。她陪我一起去了箱根。

但是，比起那个时候，比起母亲死的时候，更加令我伤心的是我小时候的一件事。栗本师傅来我家辱骂母亲，要她与令尊分手。我在后面听到了就哭了起来。母亲把我抱到师傅跟前，我不愿意，母亲就说：“你没看到人家在欺负妈妈吗？你在后面一哭，妈可受不了。让妈抱抱你吧。”

我坐在母亲的腿上，把脸藏在她的怀里，不去看师傅。

“哼，连孩子都弄出来演戏吗？”

师傅嘲笑着说。

“你这孩子挺聪明的嘛。三谷叔叔来干什么，你都知道了吧？”

“不知道，不知道！”我摇头说。

“你怎么会不知道呀？你那个叔叔嘛，可是有妻子的。你妈坏吧？叔叔家有个少爷，比你还大呢！连那位少爷也在恨你妈呢。你妈的事，要是让学校的老师和同学知道了，多难为情呀！”

“孩子可是无辜的呀。”

虽然母亲这样说，可师傅接着说道：“要叫孩子无辜，你就得先把她教育成无辜的样子，不是吗？无辜的孩子怎么能哭得这么像样。”

那时，我也就十一二岁。

“这对孩子而言可不是什么好事，真可怜……你就舍得叫她一直到大都见不得人？”

那时的悲哀简直要撕裂我小小的胸膛，比起母亲的死，比起我与您的诀别，还要叫我伤心。

到达别府时正是中午，我坐公共汽车去了地狱温泉。

靠着一度同舱居住的缘分，我入住在观海寺温泉旅馆。

今天早晨，轮船在伊予滩一带航行，海面风平浪静。太阳照在船舱的窗户上，我在阳光沐浴下脱掉外套，只穿一件衬衣，但还是汗津津的。进入别府港，从左侧的高崎山一直连到右侧，群山环抱住市街，宛如一个圆圆的波涛。记得在装饰性的日本绘画中，我曾见过这样的波涛。观海寺温泉旅馆坐落在僻静的山脚，从澡堂可望见市街和码头。有如此宽敞明亮的温泉浴场，真叫我感到惊异。环游“地狱”，乘公共汽车要一百日元，门票要一百，十五六处的“地狱”大都为私人所有，还成立了一个“地狱工会”的组织。乘车兜上一圈要花上两个半小时。

在地狱温泉中，仅就妖艳和神秘而言，要数血池地狱和蓝海地狱，两处均有难以言状的色彩。血池地狱里，血色简直像从地狱底层喷涌而出，溶解在透明的泉水中，池面上热气腾腾。蓝海地狱呢，想必是泉水的颜色如蓝海才得此命名的吧。浅蓝的水色澄澈又平静，我还从未看过这样的颜色。在远离城镇的山间旅馆，深夜回想血池地狱和蓝海地狱那奇异的色彩、恍若梦幻之中的泉水。倘若母亲与我在爱的地狱中彷徨，那儿是否也会有如此美丽的泉水呢？地狱温泉的水色令我恍惚。暂且就此搁笔。

三

于饭田高原筋汤，十月二十一日……

在高原幽静处的温泉旅馆，毛衣上面再披上旅馆的棉袍，仍然抵挡不住夜间的寒气，身子不由得要向火盆上倾斜。旅馆是在火灾后匆忙盖建的，门窗也关不严实。这个筋汤位于海拔千米的高处，明天我将翻越一千五百米高的山岭，投宿于一千三百米处的温泉旅馆。虽然从东京带来了一些衣物，做了御寒的准备，但这里同今天早晨刚离开的别府，温差真是太大了。

明天是九重山，后天到竹田。我想，不论是在明天的旅馆里还是在竹田镇上，我都会不停地给您写信。可是，我最想对您说的是什么呢？应该不是我的旅行日记。九重山，还有父亲的故乡，又能让我对您说些什么呢？

也许我想说的是诀别吧，尽管我心中十分清楚，无言的诀别才是最好的。我好像没和您说过多少话，却又仿佛已经说了许多。

“请您原谅我的母亲吧！”每次见到您，我都要替她向您道歉。

为了求得您的原谅，我初次来到府上造访。当时，您就说早就知道母亲有我这样一个女儿。

“我一直想着要跟你谈谈家父的情况。”

您还说过：

“何时有时间，与你谈谈家父的事，也谈谈你母亲的好品性，那该有多好。”

那样的机会终究是没有的，而且已经永远失去了。如若见到您时，谈起令尊和母亲的事，我此刻就会整天因悔恨和羞愧而战栗吧。父母辈的事情是谈不得的。那样的子女能够相爱吗？写到这儿，我的热泪又流了下来。

十一二岁的时候，听到栗本师傅责骂说“三谷叔叔”也有个男孩，这件事就深深地印刻在我的心里。可是，关于那个男孩的事，我一次也没有对“三谷叔叔”提起过。我觉得说了并不好。那个男孩是否去战场打仗，小小的女学生也什么都没听说。

空袭越来越频繁，令尊也常来我家。我在担心，万一有个意外发生，那男孩不就像我一样成了一个没有父亲的孩子吗？所以，令尊回家时，我常去送他。细想起来，那男孩的年龄已经足够大到去当兵了，可我总把他想成是一个少年。恐怕在师傅首次提到那男孩的时候，就伤透了我的心吧。

母亲是个不中用的人，外出买东西全靠我。在那些争抢着挤上火车的人群中，我发现一个美人，便紧紧跟在她身后。我们先是说些从哪儿到哪儿购买什么东西的话，然后讲到了身世。

“我是给人家做妾的呀！”

或许是因为美人说得足够坦率，身为女学生的我说：

“我也是妾生的。”

她听了很吃惊。“是吗？不过，能长到这么大，太好了。”

她好像把“妾生的”的意思理解错了。我臊得满脸通红，但并没去更正。

她喜欢我，不时约我一起去买东西。我们甚至还去了她的老家新潟，弄了些大米回来。我怎么也忘不了她。

长到这么大，究竟有什么好呢？我和您，终究没能谈论令尊和我母亲的事。

可以听到温泉瀑布淙淙声了。几道温泉自上而落，人们任泉水击打，故称为“打浴”。因为对治疗背脊的酸胀、疼痛有效，所以人们才质朴地将其称为“筋汤”吧。旅馆没有室内温泉，得去外面的公共大澡堂洗澡。旅馆坐落在涌盖山和黑岩山之间的山谷深处，入夜时，弥漫着冷飕飕的山气，不同于别府的血池地狱和蓝海地狱的梦幻色彩。今日看到了相当美丽的红叶。从别府后面的城岛高原放眼望去，由布峰也显得十分壮丽。从丰后中村车站向饭田高原攀登的路上，可以欣赏到酒醉溪的红叶。上至十三盘，回首望去，只见山阴与褶皱的色泽在逆光下越发深沉，红叶也更显浓艳。从山肩照射下来的夕阳，使这片红叶世界显得分外庄严。

明天，无论是在山上还是在高原，我想都应该是晴天吧。我在这家遥远的山谷旅馆里，祝您晚安。旅途三日，我还没有做过一次梦。

自打摔碎志野瓷茶碗的那天夜里起，我在朋友家住了三个月，常常夜不能寐。在朋友家实在打扰得太久了。我在上野公园后面租的那间房子里还留有一些行李，也是请那位朋友代取的。

我听朋友说，那件事后的翌日，您好像到公园后面我的家中来找过我。但我为什么要逃避？我也没法告诉她。

“那是一个我不能去爱的人呀！”除此之外，我还能说什么呢？

“但是，他也是爱你的吧？被一位不能爱的人所爱，这种话基本上就是谎言。女人就是爱编造这样的谎言。尽管我相信你说的是真话……”也许我朋友的意思是说，在这个世上根本不存在什么不能去爱的人。可能是吧。譬如，就像母亲那样，带着寻死的心……

然而，我总是试图把母亲的死想得很美，结果自己被弄到了如此地步。我想，这一点您是最清楚的。就算不是被动，而是我自己走到了这一步，但这究竟算不算一种男女间的错误呢？我不大清楚。所谓男女间的错误，对于自己做过的事，自己能那么说吗？若是别人做的，自己在一旁看着，就能说他是错的吗？是不是唯有上帝和命运在赦免人类的罪过时，才能说那是错的呢？

虽然写出来会觉得不好意思，但我那可信赖的朋友以前跟男人也有过错误。也许正因为如此，我才能去投靠她。也正因为如此，她才能立马察觉我的事情。不过，她是无法理解我那深陷旋涡般的悔恨的。

我很像母亲，有些地方会有点儿满不在乎。朋友说，我慢慢地变得精神了，所以这一次才放我单独出来旅行。

一个单身女人，独自居住在旅馆里，比起我和母亲两人一起或她死后我独自一人过日子要来得爽快。可是一到夜晚，我还是觉得愁绪满怀、孤独难安，这才提笔写起这封无意寄出的信。从那以后，我已经缄默三个月了，现在又能说出些什么呢？

四

于法华院温泉，十月二十二日……

今天翻越了海拔一千五百四十米的诹峨守越岭，寄宿在一千三百零三米处的法华院温泉。据说这是九州地区最高的山间温泉。我去竹田镇的旅程中，今天总算翻越了这座山岭。明天就下山经久住镇去往竹田。

大概是在高原的日照下行走的缘故，抑或是硫黄的气味过重的原因，我觉得今晚有些疲累。不光是这里的温泉硫黄味儿，或许连诹峨守越旁的硫黄山上冒出的烟也随着风飘了过来。据说银制的手表只要一天就会变黑。

“昨天早上五度，今天早上四度……今夜比昨夜还要冷啊！”旅馆里的人说。也不知是早晨几点看的温度计，也许黎明之前气温会降至零度。

不过，我在另一栋楼的二楼，要了一间向外隆起的房间。有双层的防寒窗户，棉袍的棉花厚实，火盆里的火也烧得挺旺，比昨夜的筋汤旅馆舒服多了，只是依然能感受到山间夜晚空气的凛冽。

山里只有一家法华院旅馆，这是一个连信件和报纸都无法送达的地方。据说距离村子将近十二千米，最近的人家在六千米之外。上小学要步行十二千米，所以孩子到了要上学的年纪，只能寄宿在山下的村子里。

旅馆里有两个孩子，哥哥六岁，妹妹四岁。看我是个单身女子，老祖母就过来与我聊了一阵。两个孩子也跟了过来，争抢着要坐在祖母的腿上。先是妹妹骑在祖母的膝盖上，搂住她。接着，哥哥想推开妹妹，妹妹就跟哥哥扭打起来。他们追来跑去，扭作一团。哥哥的眼睛长得漂亮，妹妹也有一双明亮锐利的大眼睛，小脸显得十分强势。也许是山上的光照强烈，小姑娘才长有这样一双眼睛吧。

“这附近没有能与他们作伴的小朋友吗？”我问。

“不走上十二千米的路，是见不到邻居家孩子的。”

妹妹出生后，哥哥说：

“妈妈本来搂着宝宝我睡，现在让她给抢去了。”

据说在妹妹出生前，他就说：

“要是宝宝出生，我就睡在宝宝旁边。”不过，男孩还是跟祖母睡的。等到了冬季，也许旅馆就会关门，下到村子里去生活。在与世隔绝的大山中成长的孩子，那锐利的目光深深地印刻在我的心里。两个孩子都长着圆圆的脸，很是俊俏。

我忽然想起自己是独生女的事。

我出生以后，一直是个独生女。我已经习惯了，平日里也没有意识到。可能并不是没有意识到，只是不去多想罢了。想要有个哥哥或姐姐之类的女学生的伤感早就消失得无影无踪。即使母亲去世的时候，我也没有想过，要是有个兄弟姊妹该有多好。我马上给您打了电话，为了掩饰母亲的死，竟让您成了同谋。后来想想，似乎母亲的死您也有什么责任似的……要是我有个哥哥，我想，我就不会那么做了……可是，真有了哥哥，母亲说不定就不会死了，而我至少也不至于沉沦到如此悲哀的境地。现在想来，好似如梦初醒，不由得一惊。我这个独生女，原本不应该接受您的好意，结果反而事事依赖你。

作为独生女，我独自一人住在大山中一家孤零零的旅馆里，想要呼唤那并不存在的哥哥。这种心情猛然袭击了我。哪怕不是哥哥，是姐姐或者弟弟也行。呼唤这世上并不存在的兄弟，您不觉得好笑吗?

说到独生女，我至今都没有想过您也是个独生子。令尊来我家的时候，从不提起府上的事情，也不曾说起您是独子的事。有一次，令尊对我说：

“你也没个兄弟姐妹的，挺孤单的吧？有个弟弟或妹妹就好了。”

我的脸色顿时白了，浑身上下哆嗦起来。

“可不是嘛……太田去世的时候，就这么一个女孩子，太可怜了。”

母亲为人随和，在一旁附和着，但发现我的模样不对，又把话咽了下去。

我又恨又怕。那时我已经有十四五岁了，对母亲的事，我是知道的。我以为令尊说的是再生一个与我异父同母的孩子。如今想来，那恐怕是我的误解。也许令尊是想起了自己的独生子，抑或是看到我们母女俩相依为命，感到过于寂清了。不过，当时我的心情是很可怕的。我已打定主意，要是母亲生出一个孩子来，我一定会弄死他。唯有那一次，我心生杀机，这之前和之后都不曾有过。真到那时，也许我真下得了手。是憎恨、嫉妒，还是愤怒？我并不知道。大概是少女纯真的执着使我为之战栗吧。母亲好像觉察到了什么，说道：

"我请人看过手相，说是命里只能有一个孩子。"

她又补充道：

"是一个足够好的孩子。"

"那倒也是，不过嘛……一个孩子不爱与人交往，总是独来独往的，容易把自己封闭起来，那样就太不合群了吧？"

令尊一定是见我老绷着脸沉默寡言才那么说的吧。之后，我总是不看令尊的脸，一言不发地躲着他。我本来就很像母亲，并不是那种阴沉的孩子。原本很快乐时，只要令尊一来，我马上沉默下来。小孩这样不给好脸色看，我想母亲心里一定很为难。令尊说的未必是我，也许说的是您的事。

倘若我想弄死的那个孩子出生了，那又会怎么样呢？大概会是我的弟弟或妹妹，也是您的弟弟或妹妹吧……

啊，真是可怕。

我穿过高原，翻越山岭，本该清洗了这些病态的意欲才对。我本该在这样“晴好的天气”中走过来。

“真是个晴好的天气。”

“是啊，是个晴好的天气。”

今天早晨，我离开筋汤，在路上走了没多久，就听到村里人这样寒暄。这里的人把“好天气”称作“晴好的天气”，语尾说得一清二楚。我的心情也随之变得晴朗，默默地跟着打招呼。

的确是晴好的天气。朝阳下，路旁绵延不断的不知是芒草还是茅草，正闪着透亮的银光。槲树的红叶也闪着亮光。左边的山麓下，杉树之间阴影浓重。田畦上铺着草席，上面坐着一个穿红色和服的幼儿，身后的白色口袋里放着食物，玩具也放在草席上。母亲正在割稻子。这一带，天气冷得早，插秧也早，据说要生起篝火来插秧。不过，今天早晨暖和，草席上的孩子能晒到太阳。我也只须换上帆布胶底鞋，不用做防寒的准备。

从筋汤登山有好几条线路，其中大概还有近路。但我还是决定绕到饭田的邮局和学校那头，一边行走在高原的中心地段，一边悠然地眺望九重的群山。我不爬山，只是从诹峨守越岭向法华院走去，这样的行程也可以省些脚力。

所谓九重，是指从东面数起的黑岳、大船山、久住山、三俣山、黑岩山、星生山、猎师岳、涌盖山、一目山、泉水山等，是群山的总称。群山的北侧，就是饭田高原了。

说是群山的北侧，但涌盖山等却绕到了西面，崩平山等则位于高原的北侧。这座被群山环绕，或者说四面群山托举的高原呈圆形，实在是美极了，像是浮现在眼前的梦幻之国。山上红叶尽染，芒草穗白茫茫地荡漾着，却又令人感到像是一片柔和的紫色在轻轻飘荡。高原的海拔约有千米，据说东西和南北各有八千米宽。

我走的是南北方向的道儿，一踏进辽阔的高原，就远远地看见正前方的三俣山和星生山之间，硫黄山上有浓烟升起。群山之巅晴朗无云，只有右侧涌盖山的山顶上，飘着几朵淡淡的白云。离开东京的时候，我便是冲着这“晴好的天气”而来的，真是太幸运了。

原本我只知道有信浓高原，但正如很多人所说，饭田高原更富浪漫情趣：它是那么温柔明亮，将人引入遥远的遐想之中，仿佛被它静静地抱在怀里。高原的南面，连绵的群山也是温柔的，气派高雅。记得轮船刚驶进别府港的时候，面对环抱市街的群山，我曾被那圆圆的波涛所吸引。可是，在饭田高原上看到九重的群山，其高度竟让我感受到一种意料不到的亲切和协调。那也许是群山配置均衡的缘故吧。久住山海拔高达一千七百八十七米以上，是九州的第一高山。大船山高一千七百八十七米，是第二高山。这两座山的标高并不显眼。三俣山和星生山都在一千七百四十米到一千七百六十米之间。此处，海拔超过一千七百米的山峰有十来座。但是，身处海拔一千米的高原，与群山的高度相差不大，群山也因此变得舒缓可亲了。再说，这儿地处南国，离大海不远，高原的色彩才会那么明丽。

来到位于高原中部的长者原，我在松荫下休息了半天。长者原上的松林稀稀落落的。我被草原中间的一片松林吸引，便在那儿稍作漫步，在一棵松树荫下吃起了盒饭。已经是下午两点来钟了吧，吃午饭已经有点晚了。环顾广阔的草原上的红叶，从我所处的位置望去，向阳与背阴之间，有着微妙的色彩变化。山色也各不相同。红叶浓郁的山看上去如同教堂的彩色玻璃。我仿佛置身于一座宏大的自然天堂之中。

“啊，还是来到这儿好呀！”我不禁出声感叹，热泪盈眶。芒草穗银光闪闪，看上去一片朦胧。那不是令人悲伤的眼泪，而是洗净悲伤的泪水。

我在思念着您。为了诀别，我才来到这个高原，来到父亲的故乡。我在思念着您，如若总是伴随着悔恨和罪孽，我就没法离开您，也就不会迈出新的步伐。现在，即使来到遥远的高原，我也依然在思念着您，请您原谅我。我是为了诀别而在思念着您。请允许我漫步在草原上，遥望着群山，心中不停地思念着您。

在松树荫下，我一直在思念着您。如果这儿是没有屋顶的天堂，我能不能就此升上天空呢？我想一直这样一动不动，在恍惚中为您祈求幸福。

“同雪子结婚吧！”

我这样说，是在心里与您诀别。

我忘不了您，无论今后怀着多么丑陋卑污的心情回忆这些往事。我想，只有在这个高原上思念您的时刻，才能与您诀别。从今天起，母亲和我将完全从您的跟前消失。最后，请让我再一次向您道歉。

“请原谅我的母亲吧！”

从饭田高原越过诹峨守越岭，似乎还要攀登一条三俣山脚下的通道，但我还是选择了那条运送硫黄的路。越是靠近硫黄山，它的山容越是可怕。远看硫黄的烟雾，就像山在喷火。广阔的山腹一带，喷出的硫黄令山脊上寸草不生。整座山都被烧得荒废了，地表的岩石和土壤都发黑了。没有润泽感的灰色和褐色，给人以废墟之感。左边的小山上，人们正在开采天然的硫黄。喷气孔上装有圆筒，他们将筒口上像冰柱般溢出的硫黄采收下来。我穿过采矿场的烟雾，踩着一块块赤裸的石头，终于攀上了顶峰。

从山顶下到北千里浜，回望顶峰，即将落山的太阳在硫黄烟的熏染下，变成了苍白的月亮妖怪。而前方大船山上美丽的红叶，在夕阳照射下宛如锦绣。走下陡坡，便是法华院温泉。

今晚写得太长了。我想把分别后，在高原上度过的纯净无垢的一天告诉您。不必惦念我，晚安！

五

于竹田镇，十月二十三日……

我来到了父亲的故乡小镇。

今天傍晚，从岩石山的门洞走进了竹田镇。从法华院温泉下到久住高原，坐公共汽车从久住镇开到竹田约五十分钟。

我住在伯父家里，那是父亲出生的房子。第一次见到父亲出生的房子，颇感不可思议。我始终怀着回到故乡的同时又来到异乡的心情，但一见到酷似父亲的伯父，眼前便浮现出阔别十年的父亲的面影，让无家可归的我又有了家的感觉。

听说我是从别府绕道九重而来，伯父他们都很吃惊。独自一人爬山，寄宿温泉旅馆，或许他们会认为我是一个性格坚强的姑娘。我虽然很想看山景，但要跑到父亲的故乡，也曾有过犹豫。父亲过世后，母亲便跟他们疏远了，后来又落到没脸见父亲家亲戚的境地。

“要是在船上发个电报来，我们就能到别府去接你……这儿离别府很近。”伯父说。我虽然写信说要去，可是又觉得亲情比较疏远，不便打电报告诉他们我要到达的时间。

“弟弟死的时候，你几岁啦？”

“十岁。”

“有十岁啦。”伯父一边重复着，一边看着我。

“跟你妈长得一模一样啊。我很少见到你妈，但见到你，就想起她来。不过，你也像你爸爸，耳朵长得还是像太田家的呀！”

“见到大伯，我就想起了父亲。”

“是吗？”

“等工作了就没法出来旅行了，所以提前来看看大伯。”

我不想他们以为孤身一人的我是来找他们商量人生大事的。我对伯父一无所求。母亲死的时候，伯父没来吊丧，他远在九州，来不及参加葬礼，而母亲又是偷偷下葬的……

我仅仅是为了跟与我母亲密切相关的您诀别，才来到父亲的故乡。我想从母亲那疯狂的爱的旋涡中逃离，回归到我对父亲那份健全的记忆中去。但是，傍晚时分，我走进岩石山环抱的小镇，如同一个逃亡者来到了与世隔绝的乡下时，内心不觉凄凉。

今天早晨，我在法华院睡得久了些。

“早上好！”旅馆的人打招呼说，“孩子们大清早就在下面吵翻了天，您没有睡好吧？”我却什么也不知道。

送早饭的时候，那个目光锐利的女孩也来了，紧挨着祖母坐了下来。听说在今天早上，她从正房通向另一栋楼房的廊桥上跌落了。那高度有一丈五尺，还好运气不错，掉落在三块大石头的中间，捡回了一条性命。等把她救上来的时候，她还在哭着叫喊：

“木屐漂走啦！木屐漂走啦！”

别人逗她说：“那就再摔一下吧。”

“没衣裳啦，不再摔了！”

小河边上晾晒着女孩的衣裳，那是一件藏青底白碎花纹的粗布和服和一件蝴蝶与牡丹花纹的红色棉坎肩。朝阳照射在红棉坎肩上，让我感受到温馨的生命的恩惠。正好掉在三块岩石的中间，怎会这么幸运呢？三块岩石间，只容得下一个小孩子的身体，如果稍有偏离，就会撞上了石头，哪怕不丧命，也会留下残疾。小孩子不懂得危险和恐惧，好像身上哪儿也没被摔疼，一副若无其事的样子。我觉得，能摔得那么凑巧的，是这孩子，又不是这孩子。

我没能让母亲活下去，可我想到究竟是什么让我活了下来时，为您祈祷幸福的心便坚强起来。我想，在遭受侮辱和罪孽的岩石之间，必定有一个获救的场所，恰似女孩子跌落下去后一样。

我怀着艳羡那女孩幸运的心情，抚摸着她那头浓密的娃娃式短发，离开了法华院。

大船山的红叶美极了，所以我去坊蔓走了走。坊蔓是由三俣山、大船山、平治岳等山岭环绕的盆地。我今天看三俣山，与昨天的方向相反。我一直走到了紫筑山岳会的马醉木小屋。在马醉木的群落中，长着可爱的玉柏。与桧叶金藓相似，只有两三寸高。我还发现了越橘和岩镜。在大船山上红叶中，发黑的据说是杜鹃花。有的杜鹃花低低地伸展开来，能蔓延至六铺席那么大。坊蔓上还有许多雾岛杜鹃花。这儿的芒草又矮又细，草穗花也只有一寸长。

听说今天早晨山顶的气温降到了零度，但坊蔓位于向阳处，红叶的颜色也仿佛让盆地温暖起来了。

返回旅馆附近，又从白口岳与立中山之间的鉾立岭下山，我来到佐渡洼。那是个像佐渡岛的盆地，很多蓟草都枯萎了。接着，从佐渡洼沿着锅破坡到达朽网别，久住高原便一览无余地展现在眼前。在锅破坡，我穿过杂树林，踩着石径往山下走，只听得见自己脚踩落叶的声响。

一路上没有遇见行人，可以清晰地感受到独自一人踩着大自然的脚步声。来到朽网别，只见左边清水山的枫叶红得鲜艳。从这儿理应看得见阿苏五岳，但被云雾遮住了，倒是祖母山、倾山等隐约可见。久住高原是一处方圆二十千米的草原，与阿苏山北面的波野原远远相接，宽阔无垠。从南面北望九重（或称久住）的群山，顶峰亦被云层遮掩。我穿过掩没人身的芒草，经过牧场，终于到达了久住镇。

久住的南面登山口，有一座名字少有的寺庙，叫猪鹿狼寺。不论猪鹿狼寺也罢，法华院也罢，都是有着几百年历史的圣地。九重的群山也均有圣地。我仿佛一路上经过圣地前来，简直太棒了！

伯父家的人都已入睡，静悄悄的。我不能像住在旅店那样，可以不睡觉地一直给您写下去。

祝您晚安。

六

在竹田镇，十月二十四日……

在竹田镇的火车站上，丰肥线的火车进出车站时，总能听到《荒城之月》的歌声。镇上的人说，泷廉太郎心系这座城镇的冈城遗址，于是创作了曲子《荒城之月》。据说，泷的父亲在明治二十年（1887）到这儿担任郡长，廉太郎曾在竹田镇上过高小。少年时代，廉太郎想必也去冈城遗址玩耍过吧。

泷廉太郎于明治三十六年（1903）去世，年仅二十五岁，还是虚岁。到了后年，我便是这个年纪了。

希望二十五岁就死去！我想起在女校读书时曾经跟同学说过此话。但我又觉得好像是同学说的。

《荒城之月》的词作者土井晚翠也已经于今年谢世。在我来之前不久，竹田镇曾在冈城遗址为晚翠举行过追悼会。据说，曲作者廉太郎和词作者晚翠曾在伦敦见过一次面。那还是在我父亲年幼之时，年轻的诗人和音乐家在异乡相遇，那是否就成了《荒城之月》的因缘呢？我不得而知。然而，这两个人确实留下了美妙的歌曲。现在，没有人不会唱这首《荒城之月》吧。我同您也有过一次缘分，我们又会留下什么呢？

一个像泷廉太郎那样天才的孩子……我忽然这样想，以至于自己也感到惊异。我能够产生这样的梦想，还能把这种梦想写信告诉您，或许是因为我在父亲的故乡小镇，心绪沉静下来了。可是，您是否想过，万一有了那种意外，女人的心中会因恐惧或喜悦而不安呢？您的心中是否也会有像我一样的不安？这突如其来的不安，使我意识到自己是个女人。我甚至还梦想着，瞒着您，独自把孩子抚养成人。之所以如此，仿佛也是一种因果报应，作为母亲的女儿，我有时会做着如此虚幻的准备。您感到吃惊吗？作为女人的我呀，为了这一点儿事情就愁得消瘦了。不过，这种不安的心绪并没有持续太久。

我只不过是在竹田火车站上听到《荒城之月》后，回想起当时的不安罢了。

石山绕四方，中央竹田清水澄，秋季溪流淙淙响。

今大本想逛逛小镇，从秋水流过的桥上走过时听到歌声，便被引诱到了车站。在车站的什么地方放着唱片。昨天我没有坐火车，而是搭乘公共汽车到久住镇的，所以没听见歌声。

河流就在车站的前面，从车站回到桥上，歌曲依然在播放。我凭栏伫立，凝望着河水。河的左岸，在河滩的巨石上竖起柱子，成排窝棚似的房子向河面延展着。可以看到有女人在石头边洗衣服。车站的后面紧挨着岩石山的山壁。岩石表面有细细的水流滴落，好似小小的瀑布。山上遍布红叶，不时还可看到一簇簇的翠绿。

我一边漫步在父亲的小镇上，一边思念着您。父亲的故乡对我而言，已不再陌生。昨天傍晚刚到时，我还不熟悉，但在今天早上，我才知道这镇子实在是小。不论朝哪个方向走，尽头均是岩壁。我觉得自己仿佛也置身于四方环绕的石山之中了。

昨夜，我看到伯父使用的旅馆火柴盒上印有“山紫水明，竹田美人”的字样。

“挺像京都嘛。”我笑着说。

“是的，正是竹田美人。从前，这里游艺兴盛，抚琴、点茶盛行。水也清澈，家家户户的屋檐下流淌的小水沟，这儿叫作‘井堰’，你爸爸小时候早晨漱口、洗碗，全都在井堰里。”

人口仅有一万的小镇，却有十余座寺院、近十间神社，还真是个小京都呢。

“现在，竹田美人不在啦。”伯父说，“即使把从前的，和跑到东京去的人都算上。”不过，我觉得在小镇的街上所看到的女人都很整洁漂亮。走近城边的门洞时，便望见岩石山上遍布的红叶。走出门洞，耸立在对面的岩壁上却长着一片青翠的苔藓，一位美丽的姑娘身穿白色的毛衣，迎面走来。

镇中心有一条铺了柏油路的商店街，点亮着萧索的铃兰式街灯，往一旁拐去就是僻静的老街，很快就能走到尽头处的岩壁。那些石崖、白色仓房、黑色板壁，还有将要坍塌的围墙，都使人感到这是座古老的城镇。不过，我又听说明治十年（1877）的那场西南战争把整座镇子都烧毁了，从前的老房子只在山边留下了少数的几幢。回到伯父家，我提起了镇上的事情。

“文子，你走遍了小镇的每个角落了啊！”伯母说。

田能村竹田[1]的旧居、田伏庄园遗址的天主秘密礼拜堂、中川神社的圣地亚哥钟、广濑神社、冈城遗址、鱼住瀑布、碧云寺等名胜，不消半天就能全部走完。

在现今的竹田镇上，还有许多人把田能村竹田称为“竹田先生”。昨天我从久住来的那条路，从前诸侯出行的仪仗行列也走过，田能村竹田、广濑淡窗[2]等众多的丰后[3]

---

1 田能村竹田（1777—1835），日本江户后期的南画画家。名孝宪，丰后人。改革明清画，树立新画风。有作品《亦复一乐帖》、画论《山中人饶舌》等。

2 广濑淡窗（1782—1856），日本江户后期的儒学家。名建，丰后人。在丰后国日田开设咸宜私塾。著有《约言》《迂言》等。

3 丰后即丰后国，日本的旧国名。为现在大分县的大部分，国府、国分寺均在大分市，属西海道。

文人也都曾在此往返。赖山阳[1]拜访田能村竹田的时候，走的也是这条路。竹田的旧居里还保存着一间茶室，那是当年他同赖山阳一起品茶的地方。茶室与正房之间的庭院里，阳光正照在已然发黄或枯萎的芭蕉叶上。桐树叶也已经发黄了。据说，竹田曾拿地里种的蔬菜招待过山阳，那块菜地就在正房的前面。竹田纪念馆里的画圣堂虽是一幢新建筑，但里面也设有茶室。听说点抹茶时，要挂上竹田的南画。

天主教的秘密礼拜堂就在竹田庄附近，那是在竹林深处的岩石上凿出的洞窟，里面相当宽敞。圣地亚哥钟上，刻有“1612　SANTIAGO HOSPITAL[2]”的字样。

从前竹田镇的城主是一位天主教徒。

竹田庄的庭院里有一盏织部灯笼。沿着有点坡度的小路往上走不远，然后向右一拐，就是竹田庄的石崖，而从相反的方向往左拐，便是古田织部[3]的庄园，不知道他的子孙们是否还住在里面。从那屋前经过时，我的心不由得怦怦直跳。传说当年古田织部的儿子来到竹田后便一直定居

1　赖山阳（1780—1832），日本江户后期的儒学家、历史学家。名襄。在江户师从尾藤二洲。作为尊皇攘夷派志士的精神支柱，影响很大。著有《日本外史》《山阳诗钞》等。

2　意为“圣地亚哥医院”。

3　古田织部（1544—1615），日本安土桃山时代的武将。美浓人。千利休的高徒，精于茶道，也以烧制织部陶器闻名。

此处。记得那条街叫上殿町，那是从前的武家庄园街。

我忘不了。在圆觉寺茶会上初次见到您的时候，是稻村小姐点的茶。

“用哪一只茶碗呢？”

“对了，就用那只织部瓷的茶碗吧。”

栗本师傅说：“三谷少爷的父亲喜欢用那只茶碗，这还是他送给我留念的呢！”可是，在令尊持有之前，那是我已故家父的东西，是母亲转让给了令尊。稻村小姐用那只黑织部茶碗点了茶，让您喝了下去。仅仅是如此，我竟无法抬起头，这算是怎么回事呢？

母亲当场也提出：“请让我也用这只茶碗……”

难道母亲是饮下了她命中注定的毒药吗？

我没想到来到父亲的小镇后，竟会如此清晰地想起那次茶会上的事。倘若那只黑织部茶碗还在师傅手上，请设法把它弄回来处理掉吧，别让任何人知道它的下落。请您也当我是下落不明吧。

在父亲的小镇转完一圈，我就要离开竹田镇了。之所以啰啰唆唆地写下小镇的事，是因为我想到，自己以后再也不会来了，也是因为我想在父亲的故乡与您诀别。虽然我并不打算寄出这封信，但即使我将此信寄了出去，那也是我的最后一封信。

在冈城遗址，除了石崖，什么都没有。然而，要塞的高地，倒是观赏风景的绝妙场所。秋高日丽时，可以望见群山。祖母山、倾山以及反方向的九重山、大船山诸峰上，都飘着几朵淡淡的白云。我来时经过的高原和山岭都在那个方向。在高原的松树树荫下，在芒草穗的波涛中，我始终思念着您，那时我以为可以与您诀别了。然而此刻，与您说再见，却依然不舍。更何况是要在您的眼前销声匿迹。一个女人要做到这一点谈何容易。请您原谅，晚安！

在旅行中的信里，我劝您同稻村小姐结婚，但这全凭您的意愿。我和我母亲绝不会妨碍您的自由和幸福。您也千万别再来找我。

旅行六天，尽写了些无聊的事情。女人是多么爱絮叨啊！虽然希望您能够了解我这个即将离去的人，但语言毕竟是徒劳的。女人似乎只想依偎在对方的身边。我希望您能理解，我正在做的是与之相反的事。我要在父亲的小镇开始新的旅途。再见了！

七

在一年半之前读文子的这封信，与他和雪子新婚旅行回来后重读，菊治对文子语言的感受是截然不同的。

但他又不明白究竟哪儿不同。也许语言是徒劳的吧。

菊治来到新居的庭院，将文子的这一沓信纸点着了。院子里什么像样的摆设也没有，只是用一圈简陋的木板墙围上一方狭小的空地而已。

信纸已潮湿了，不容易烧着。

他哗啦啦地揭开信纸，频频划着火柴。文子的墨迹变了色彩，化为了灰烬，但文字依旧留在信纸上。

“把语言也烧掉！”

菊治把信纸一张一张地扔到火焰上。

信纸烧掉了，文子的语言又会变成什么样呢？菊治躲着烟雾，将身子转向一旁。冬季的斜阳照在木板墙的一角。

“蜜月旅行怎么样啊？”

走廊上突然响起栗本近子的声音。菊治吓了一跳，不禁打了个寒战。

“你为什么不说话呀？我正想说，新婚蜜月旅行的家会被小偷盯上的。没去雇个女佣吗？不过，暂时就你们两人也好。雪子侍候得不错吧？”

“你从哪儿听来的？”

“是问府上的地址吗？真可谓行家看门道，长虫通蛇道嘛。”

"你真是一条蛇!"

菊治没好气地说。

父亲去世后，近子总是不打招呼就随意跑到家里，现在又出现在他的新家，真叫菊治嫌恶。

"不过，让雪子在这么冷的冬天干洗涮的活儿太难为她了，我来帮忙如何?"

菊治没有搭理。

"你在烧些什么呀? 是文子的信吗?"

还没烧完的信搁在菊治的膝盖上。他是蹲着的，近子按理是看不见的。

"要是在烧文子的信，也会暖和一些。烧得好呀!"

"我已经落魄到住进这样的房子了，以后就请勿出入，我先把话讲明白。"

"我又不会妨碍你们。帮你和雪子牵线的是我，为此我感到荣幸。我已经可以放心了。再说，我只是想帮点忙……"

菊治把没烧掉的信掖进怀里，站起身。

近子站在走廊的一端，看了看菊治，不禁退后一步。

"哟，你的脸色为何这么可怕? 雪子的行李大概还未收拾，我只是来当个帮手……"

"多管闲事!"

“这可不是多管闲事。难道你不明白我的心意吗？我只想帮点忙。”

近子已经累了，当场坐下来，左肩往上耸了耸，怯懦地喘着气。

“夫人回娘家去了对吧？我心里惦记着，你怎么留下夫人，自己倒快快地回了家？”

“你去过雪子家了？”

“我是去贺喜的。要是有何不妥，我先道个歉。”

近子窥探着菊治的脸色，菊治也强压下怒火，说道：

“那只黑织部瓷碗还在你那儿吧？”

“你父亲送的那只？在的。”

“既然在你那儿，就让给我吧。”

“嗯？”

近子有些迷惑，不久才颇有些恼怒地说：

“好吧。你父亲的东西，虽然我一辈子都不想放手，但既然是菊治少爷想要，不管是今天还是明天……你又想玩茶道了？”

“希望你今天就拿来。”

“知道了。烧掉文子的信后，用黑织部茶碗喝上一杯吧。”

近子耷拉着头，两只手像在扒拉着什么，然后就走了。

菊治又来到庭院里，用颤抖的手划起了火柴。

新家庭

一

雪子在生活中一向是举止活泼的，但菊治有时会发现她坐在钢琴前发呆。

在这个新家中，钢琴显得太大了。

这是菊治新认识的一家制造商出的钢琴。菊治的父亲早先是乐器公司的股东。不用说，那家公司一度也被改为兵工厂。战后，乐器公司的一位工程师想制作自己设计的钢琴，因为父亲的缘故，他常常跑来找菊治商量，菊治就把卖房子的钱也拿去出资了。

因此，菊治的新居里也就有了一架这家小制造商的钢琴样品。雪子的钢琴留给了她妹妹。娘家并不是没法给妹妹再买一架，所以菊治曾有两三次对雪子说：

“你要是嫌这架不好，就把原先的那架要回来。不必顾忌我。”

菊治以为雪子坐在钢琴前发呆，是因为这架钢琴不合她的意。

“这架琴挺好的。”雪子听了觉得意外，“我虽然不大懂，但调音师不也夸赞过吗？”

其实，菊治也知道这事与钢琴无关。再说，雪子还没到这样挑剔的程度，她对钢琴既不是很热心，也没有那么擅长。

“看到你坐在钢琴前发呆……”菊治说，“好像你不满意这架钢琴似的。”

“那是与钢琴无关的事情。”雪子率直地回答，正要接着往下说，可忽然又改了主意，“你看见我在发呆吗？什么时候？”

房门旁照例有一间西式房间，钢琴就放在那里，从起居室和二楼的菊治房间里是看不见的。

“我在娘家的时候，总是乱哄哄的，根本没有发呆的时间。可以有时间发呆，真是太难得了。”

菊治的眼前浮现出雪子娘家那热闹的景象：家有双亲，兄妹齐全，客人来来往往。

“不过，过去我见到雪子，你给我的印象莫如说是沉默寡言的。”

“是吗？我的话可多啦。和母亲和妹妹在一起，就没有停嘴的时候。三个人中总有一个人在讲话。不过，三人中或许数我的话最少。当着客人的面，只要我发现母亲的话太多，我就沉默了。母亲的那一套社交辞令，恐怕你听了也会厌烦。如果总待在母亲身旁，我说不定会变成一个沉默寡言、态度冷淡的姑娘。妹妹倒是会配合母亲……”

“你母亲本来是希望你嫁到一个更显赫的人家去吧？”

“可不是嘛。”雪子老老实实地承认，“到这儿来以后，说的话还及不上在家时的十分之一呢！”

“那是因为白天就你一个人嘛。”

“即使你在家，我也没有像着火似的有那么多话，你说是吗？”

“那倒也是。一到外面散步，你的话倒是多了。”

菊治想起夜间，他俩在街上散步，雪子依偎在身旁，拉住自己的手，仿佛忘记了近来的寒冷，愉快地说个不停。雪子一旦离开了家，就获得解放了吗？

“现在，我一个人是不出门的。过去在家时，只要上街后回家，就会把外面遇到的事情告诉母亲，然后再对父亲说一遍同样的见闻。”

“你父亲听后一定会很高兴吧。”

雪子盯着菊治看了一会儿，点点头说：

“跟父亲说的时候，母亲听了两遍同样的事，总会暗暗发笑。”

雪子离开父母的亲情，嫁给菊治，坐在简陋的起居室里，菊治对此总觉得有点儿无法理解。

菊治发现雪子的睫毛边有一颗浅浅的小痣，是在两人共同生活以后了。

同样是在两人生活之后，菊治发现雪子的牙齿很美，晶莹闪亮。每次接吻，菊治都会被她牙齿的清纯所打动。

菊治拥抱着已习惯于被自己亲吻的雪子，有时会忽然流下泪水。不仅仅是接吻，就连雪子整个人在菊治的眼中都显得无比可爱而珍贵。

两人仅停留在接吻上，但雪子并不像菊治那样感到懊恼和焦虑。对于婚姻，按理说她不会如此无知，但好像仅仅是接吻和拥抱，就足以让雪子感到十分新奇，对丈夫的爱抚也感到满足，以此回报着菊治。

有时菊治也会想，他们之间的新婚生活或许并不像自己感到的那般痛苦，也没有什么不自然、不健康的地方。

连雪子从蔬菜店买回的萝卜和青菜，那些白色和绿色的蔬菜，菊治看着都觉得新鲜。难道这不就是幸福吗？过去和老女佣一起住在旧房子里，自己从来没有留意过厨房里的蔬菜。

“你一个人住在那么大的房子里，不觉得冷清吗？”

刚来新家不久，雪子曾经这么问过。从这短短的问话中，菊治真切地感受到雪子对自己过去的体恤。

清早醒来，如果雪子不在身旁，菊治会忽然间觉得寂寞。雪子早上要准备早餐，当然起得早些。但他如果醒来时看见雪子的睡姿，就会觉得四周洋溢着温馨。因此，他总想着要比雪子早醒一点。他一看见雪子没有睡在身旁的床上，心头便会袭来一丝不安。

一天傍晚，菊治回到家就问：

“雪子，你用的是马查贝利王子牌香水吗？”

“是啊，怎么啦？”

“因为钢琴的事，我见了一位女客人，她是这么告诉我的。有的人鼻子可真灵敏。”

“你怎么会有香水味的呢？”

说着，雪子接过衣服闻了闻，忽然间想了起来。

“是香水瓶放在衣柜里，忘了拿出来。”

二

二月底，连着下了三天的雨。到了星期天傍晚，雨才停了下来。天空仍然阴沉，隐约弥漫着一抹淡淡的桃红。栗本近子捧着那只黑织部茶碗来了。

“唉，我把最好的纪念品，这只茶碗给你送来了。”

近子从双层盒里取出茶碗，双手捧着打量了一番，然后放到菊治的膝前。

“接下去正是用它的时节。上面是蕨菜嫩芽的图案……”

菊治拿起茶碗并不细看，说道：

“我都快忘记了，你这才拿来。我让你当天就拿来，你不拿，我还以为你不会拿来了呢。”

“这是初春时节用的碗，冬天里拿来也没用。再说叫我放手，总会有点儿不舍，但要说是难舍难分吧，又有点那个……”

雪子端来了沏好的粗茶。

“哎呀，夫人，这可不敢当啊。”近子夸张地说，“冬天里夫人也没请女佣吗？真是辛苦。”

“因为暂时只想两个人过。”

雪子回答得干脆利落，令菊治颇感惊讶。

“真是不好意思。”近子自说自话地点着头，“夫人，您还记得这只织部茶碗吗？印象很深吧？作为我给你们俩的贺礼，再合适不过了……”

雪子疑惑不解地望了望菊治。

“请夫人也到火盆边上来吧。”近子说。

“嗯。”

雪子挨着菊治坐下，胳膊肘都碰到菊治了。菊治强忍住无端的笑意，对近子说：

“让你白送可不好意思。就请卖给我吧。”

“哪里的话！我再落魄也不能把令尊送给我的东西卖给菊治少爷啊。您好好想想……”近子郑重其事地说，“夫人，我也好久没看您点茶了。在小姐当中，能像夫人那样地道、高雅地点茶的，或许再也找不出第二人了。在圆觉寺的茶会上，您拿着这只织部茶碗，第一次给菊治少爷点茶的情景，还历历在目呀。”

雪子默不吱声。

“如果您用这只织部茶碗再给菊治少爷点次茶，那我把茶碗送回来也算有价值了。”

“可是，我们家什么茶具也没有啊。”雪子低着头回答。

“哟，您可别那么说……只要有把茶刷，就能点茶。”

“哦。”

“这只织部茶碗就请珍惜地使用吧。”

“嗯。”

近子又瞅了瞅菊治的脸，说：

“夫人说家里什么也没有，净水罐总是有的吧！那只志野瓷的。”

“那已经作为花瓶用了。”

菊治慌忙说道。

太田夫人的纪念品，那只净水罐，菊治终究保留了下来，也搬到了这个新家，一直放在壁橱里，像是被遗忘了似的。被近子冷不防地点出来，菊治不禁吃了一惊。

看来近子还在憎恨着太田夫人。

雪子也到门口为近子送行。

在门口，近子仰起头，看了看天空。

“东京的天空已被街上的灯光照亮了……气温暖和了，真不错。”

说着，她耸起一只肩膀，摇摇摆摆地走了。

雪子独自坐在门内。

“一口一个夫人的，那么做作，叫人讨厌。”

“的确讨厌，她大概不会再来了。”

菊治也在门口站了一阵。

“不过，‘东京的天空已被街上的灯光照亮了’，这句话说得倒不错。”

雪子下了地，打开屋门，望了望天空。正要关门时，她回头见菊治也在观望夜空，便迟疑了一下。

“关门吗？”

“嗯。”

“确实暖和了。”

回到起居室，见织部瓷茶碗还没收起来。菊治等雪子把碗收好，便提议去街上散步。

他们走上高台的居民区。路上没有行人，雪子主动拉起了菊治的手。雪子很注意呵护双手，但毕竟被冬天的冷水伤到了，手掌变得有些粗硬。

“那只茶碗不是送的，是问她买的吧？”雪子忽然问道。

“啊，是要卖的。”

“是吗，她是拿来卖的？”

“不是，是我要卖给茶具店，然后把所得款项给她。”

“啊，要卖掉它？”

“那只茶碗在圆觉寺茶会上拿出来的时候，你不是听栗本说了吗？那是家父送给她的。在家父之前，是太田家的藏品。是一只有着种种因缘的茶碗……”

“可是，我不介意那些，只要是一只好茶碗，留下不也很好吗？”

“是一只好茶碗。正因为是只好茶碗，才该将它送到茶具店去，以便让我们不再知道它的下落，这样才更好。”

菊治顺口说出了“不知它的下落”这句文子信上的语言。他从栗本近子手上把茶碗要回来，也是按文子信中所说的办理的。

“那只茶碗有着辉煌的生命，应当让它离开我们继续存在下去。所谓我们，当然不包括雪子……这茶碗本身刚健优美，不该让那些不健康的妄念缠绕着它。然而，我们的那些该诅咒的记忆却总是伴随着它，总是以邪恶的眼睛打量着它。我所说的我们，充其量不过五六人。过去不知有几百人，以他们的纯正之心珍惜过这只茶碗。这只茶碗制成后，可能已历经四百年之久。从茶碗的寿命来看，它在太田家、我父亲和栗本手上的时间实在短暂，如同薄薄的浮云掠影。只要它能落到一个健康的买主手上就行。即便我们都去世了，那只织部茶碗还能留在谁人的手上，照样美观雅正，我想那就够了。”

“是吗？既然你那么想，那不把它卖掉岂不更好吗？我不会介意的。”

“不是不舍得卖掉。对于茶碗，我一向不执着。我只想借那只茶碗洗涤我们身上的污垢。让这只茶碗留在栗本手上，让人心情不舒服。譬如说，它在圆觉寺那种场合下被她拿出来。茶碗是不该被绑架到人间丑恶的因缘中去的。”

“听起来好像茶碗要比人还了不起啊。”

“也许真是那样。我不是很懂茶碗，但是几百年来，有眼光的人把它代代传承了下来，我是不该摔坏它的。还是让它不知去向的好。”

“我想，把这只茶碗作为我们的纪念留下来，还是挺好的。”雪子声音澄澈地重复了一遍，“即便现在我不懂，但有朝一日能看懂它，不也会很愉快吗……以前的纠葛就不去管它呢。要是把它卖了，以后想起来不是很可悲吗？”

“那倒不会。这只茶碗的命运是离开我们不知去向吧。”

关于这只茶碗，菊治提到了命运之类的话语，让他不禁想起了文子。这深深刺痛了他的心灵。

两人散步一个半小时才回到家。

正要把火盆里的火移到暖笼里去的时候，雪子冷不防用双手握住了菊治的手，仿佛要让菊治感知她左手和右手不同的温度。

“吃点栗本师傅送来的点心？”

“不吃。”

“是吗？与点心一起还送了浓茶呢。说是从京都买来的……”

雪子并不介意地说。

菊治起身把那只织部茶碗用包袱巾包好，放进了壁橱。他看见了里面那只志野瓷净水罐，就想下次与茶碗一起卖掉。

雪子擦掉脸上的乳霜，摘下发卡，做着睡觉的准备。她散开头发，边梳边说：

“我把头发剪短，你说好吗？只是让人看见后颈项，怪不好意思的。”说着，她还撩起了后面的头发。

也许是不容易擦掉口红，雪子把脸凑近镜子，稍稍张开嘴，一边用纱布擦拭，一边对着镜子察看。

黑暗中，两人彼此温暖着身体。菊治心想，难道今后要永远这样亵渎自己那神圣的憧憬吗？他又深深地潜入内心的深渊。但是，最纯洁的东西是什么都玷污不了的，如此它才能宽恕一切。难道这种情况就不会发生吗？他在想着各种自我救赎的方法。

雪子睡着后，菊治抽出胳膊。但一离开雪子的体温，他便感到异常孤寂。还是不应该结婚啊。一股切肤的悔恨之情，正在一旁冰冷的床铺上等着他。

三

连续两天，黄昏的天空中隐约弥漫着一片淡淡的桃红。

在回家的电车上，菊治看见一幢新建的大楼，窗内的灯光全都是白的。他想那是什么东西呢？好像是荧光灯吧。所有的房间全都点上了灯，似乎是在表示新楼落成的喜悦。大楼的斜上空，挂着一轮即将圆满的月亮。

要到家的时候，空中的那片桃红色不知是被日落吸走了，还是沉落不见了，变成了漫天晚霞。

到家的拐角处，菊治有点不放心，伸手摸了摸上衣口袋，看看支票是否还在。

雪子走出邻居家，小跑着进了自家大门。菊治看见了她的背影，雪子却没发现菊治。

“雪子，雪子！”

雪子从门里走出来。

“你回来啦。刚才看见我啦？”她红着脸说，“我到隔壁去接妹妹的电话了……”

“嗯？”

菊治不曾想到，雪子是从什么时候开始请邻居代转电话的。

“今天与昨天傍晚的天空一样啊。比昨天还要晴朗，还要温暖。”

雪子抬起头，仰望天空。

菊治换衣服时，掏出支票，放在食器柜上。

雪子一面整理菊治脱下的衣服，一面说：

“妹妹来电话，说昨天星期天，本来她跟父亲两人要来……”

“来我们家吗？”

“是啊。”

“来就是了……”

菊治若无其事地说。

雪子停住了正用刷子刷裤子的手。

“你说来就是了……”她反驳似的说，“我上次还去信，叫他们这阵子先别来。”

菊治有点诧异，差点儿反问那是为什么，却突然猜到了。他们俩还没有行夫妇之实，雪子是怕她父亲看出来。

可是，雪子马上抬头注视着菊治说：

“父亲想来呢。真想叫他来一次。”

望着雪子晶莹发亮的眼睛，菊治回答：

“即便不叫他们，也可以来嘛。”

“因为是女儿的婆家……不过，也好像不是这样。”

雪子明快地回答。

菊治是不是比雪子更怕她父亲来呢？雪子没说这事之前，菊治压根儿没有意识到，自结婚以后，他还从未招待过雪子的父母和兄妹。可以说，他几乎忘了雪子的家人。同雪子异常的结合，几乎让他无暇他顾。抑或说，正是因为两人还未真正结合，所以除了雪子，菊治什么都未及考虑。

或许让菊治无能为力的，只是对太田夫人和文子的思念。那宛如幻影之中的蝴蝶总是离不开他的脑海。他仿佛可以看见蝴蝶在他脑海黑暗的深渊中翩翩飞舞。那并不是太田夫人的幽灵，而像是他悔恨的化身。

但是，雪子写信叫父亲别来这件事，足以让菊治懂得雪子内心的悲哀与困惑。难道真像栗本近子怀疑的那样，雪子冬季里没有雇女佣帮忙，是在害怕夫妇间的秘密被察觉吗？

虽然如此，雪子大多数时间看上去是那么明艳，菊治很难认为那只是为了体贴自己而装出来的。

“信是什么时候发出的？就是叫你爸别来的那封……”

菊治问道。

“嗯，是正月里，已经过了初七吧？过年的时候，我们不是一起回去的吗？”

“那是初三的事。”

“那以后又过了四五天。正月初二，父母他们忙于招待客人，所以妹妹单独一人来拜年，是吧？”

“对啊。打发她来叫我们第二天去横滨。”菊治一边回想一边说，“可是你写信不让他们来，有点儿欠妥。要不请他们下个星期天来吧？”

“好吧，父亲会高兴的。他一定会领着妹妹来的。他一个人来，或许会觉得不好意思……有妹妹在，我也轻松些，真是奇妙呀。”

有她妹妹在，雪子也会感到轻松些吧。她一定是想尽可能别让父亲知道夫妻俩没有真正结合的实情。

雪子大概烧好了洗澡水，菊治一走进小浴室，就听到她在查看水温的声响。

“先洗澡再吃饭吧？”

“行啊。”

他泡在浴缸里时，雪子隔着玻璃门说：

“食器柜上的支票哪来的呀？”

“啊，那是卖掉了织部茶碗的钱，要付给栗本的。”

“一只茶碗能卖那么贵吗？”

“不，我们家那只净水罐的钱也在内。”

“我们家的有多少？”

“有一半吧。”

“一半也是一大笔钱啊！”

“是啊，可以派点用场。”

雪子是知道织部茶碗的事的，昨晚散步时也说过。不过志野瓷净水罐的因缘，雪子却毫不知情。

雪子站在浴室的玻璃门外，说：

“别把钱花掉，去买股票怎么样？”

“股票？”

菊治感到意外。

“是这样的……”雪子打开玻璃门走进来，“父亲拿出四分之一的钱，给了我和妹妹，说是让我们拿钱去增值，现在存放在经常来往的股票公司里，让他们代为打理。股票跌下后就存着不动，等上涨后再卖掉，买进其他的股票。这样资金就会一点一点地多起来。”

“嗯。”

菊治仿佛看到了雪子家的家风。

“那一阵子，我与妹妹天天在看报纸上的股票行情。”

“你现在还有股票吗？”

“有啊。交给股票公司打理，自己倒从未看过……跌了就不卖，是不会吃亏的。”

雪子说得很单纯。

“那么，把这笔钱也存到你那家股票公司里去？”

菊治笑了，看着雪子。雪子系着白色围裙，穿着一双红色的毛线短袜。

“你也进来暖和一下身子怎么样？”

雪子羞得眼睛都红了，显得异常美丽。

“我还要做饭呢。”

她说着轻盈地走出去了。

四

那个周六，已进入了三月。

父亲和妹妹说第二天要来，雪子晚饭后便一个人上街去买东西，抱着一堆水果和鲜花回来。她打扫厨房直到深夜，然后坐在梳妆台前长时间地梳理头发。

“今天真想把头发给剪短，上次你不是说剪短也行吗？但转念一想，让爸爸看着太惊讶也不好……结果只是做了做头发，可我一点儿也不满意，看上去怪怪的。”

她独自一人自言自语。

上床躺下后，雪子还是没法安宁。父亲和妹妹要来，难道就那么兴奋吗？菊治不免有点儿嫉妒，同时也不能不想到，那大概是因为雪子寂寞了。于是，菊治温柔地抱住了她。

“你的手好凉啊！”

菊治把雪子的手放在自己的胸前，一只胳膊搂着她的脖子，另一只手从她的袖口伸进去，抚摸着她的肩膀。

“你说点儿什么吧。”

雪子挪开嘴唇，摇了摇头。

“好痒。”

菊治拂开雪子的头发，将头发理在她的耳朵后面。

“你要我说点什么，还记得在伊豆山上说过的话吗？”

“不记得了。”

但是，菊治可忘不了。那时，在一片黑暗之中，他闭上颤抖的双眼想起了文子和太田夫人。他在拼死挣扎，自以为依靠这种胡思乱想就能够获取力量，面对雪子的纯洁。明天，雪子的父亲就要来了，是否要以今夜为界呢？菊治又试图回想起太田夫人那女人的热潮，却是越发强烈地感受到雪子的纯洁。

“雪子还是说点什么吧。”

“我没有什么好说的话呀。”

“明天见到你父亲后，打算说什么呢？”

“跟父亲说什么，到时候再说吧。父亲只是想来我们家看看，只要看到我们过得幸福就行了。”

菊治一动不动地躺着。雪子把脸贴在他的胸前时，他还是纹丝不动。

第二天上午十点过后，雪子的父亲和妹妹来了。雪子高兴地张罗着，不时和妹妹发出欢笑声。就在稍早的午饭即将开始时，栗本近子来了。

“来客人了？我见见菊治少爷，可以吗？”

听到她在门口与雪子说话的声音，菊治走了出来。

“您卖掉那只织部茶碗了吧？原来你是为了卖掉才从我这儿要回去的？那您为什么又把钱寄给我？”近子不停地质问，“当时我就想着要登门问清楚，可是想到不是星期天，菊治少爷不在家，心里真是急啊。虽然晚上来也可以，不过嘛……”

近子从手提袋里掏出了菊治的信。

“这个还给您。钱在里面没动过，请点一下……”

“不，这钱你得收下。”菊治说。

“我为什么要收下这钱？难道是绝交费吗？”

“说什么呢。现在我哪有要付你绝交费的道理？”

“说的是呀。就算是绝交费吧，您把卖了织部茶碗的钱给我，不也很奇怪吗？”

“那是你的茶碗，卖的钱当然要给你。”

“那茶碗是我送给您的，一来菊治少爷想要，二来也是给你们做结为伉俪的最好的纪念品。对我而言，那可是令尊的遗物啊……”

“我只是认为，我是用这笔钱请你卖东西给我。”

“我可不这么认为。我再落魄，能把令尊送我的纪念品卖给菊治少爷吗？上次我就把话说得很清楚了。再说，你不是把茶碗卖给茶具店了吗？如果菊治少爷一定要我收下，那我就用这笔钱从茶具店把茶碗买回来。”

菊治心想，如果没那么老实地在信上写什么“奉上出售给茶具店之款”就好了。

“哎呀，请进屋吧……我在横滨的父亲和妹妹来了，没关系的。”雪子亲切地说。

“是令尊……他们来了吗？正好，让我见见他们吧。”

忽然，近子的双肩松弛下来，点了点头。

（一九五三年—一九五四年）

译后记

本作品集收录了川端康成的两部中篇小说《千鹤》和《碧波千鸟》。

《千鹤》是川端康成的中篇小说代表作，同时也是作者获得诺贝尔文学奖的入选作品之一。一九四九年五月、一九五一年十月分六次刊载于《时事读物别册》等杂志。1952 年获得日本艺术院奖。

主人公菊治受近子之邀来到其位于镰仓圆觉寺的茶室参加茶会。近子曾经是菊治父亲的情人。菊治父亲的朋友太田去世后，太田夫人常找菊治父亲商谈事情，来往之中变成了菊治父亲新的情人。出于妒忌，近子把太田夫人与菊治父亲的情事告诉了菊治的母亲。菊治父亲一怒之下，断绝了与近子的特殊关系。菊治父母亲去世以后，近子依然经常出入菊治家帮忙料理菊治的生活。今天邀请菊治出席茶会，目的是给他介绍恋爱对象稻村小姐。同座的还有太田夫人及其女儿文子。见到菊治，太田夫人感到似曾相识的吸引力，当晚两人就发生了两性关系。败露后遭到近子和文子的反对。太田夫人深感罪孽深重，在见过菊治最后一面后自杀身亡。尽管母亲对菊治的情感不被世间认同，但其中也不乏真爱，所以文子希望菊治能够原谅母亲，并将母亲用过的志野瓷茶碗送给菊治留作纪念，以后又决定摔碎这古董茶碗。与菊治共度一宵后，文子从此销声匿迹。对于近子介绍认识的雪子，菊治同样爱慕不已。

作者以纤细委婉的笔调，描写了菊治与身边几位女性错综复杂的关系，试图从不被社会道德认可的感情纠葛中，探寻人性的悲哀和美丽。诚如川端自己所说，《千鹤》的"目的在于写不道德的男女关系"。整个故事在演示茶道的优雅闲适的境遇中展开，却充满着既不优雅也不道德的欲情。川端康成把男女主人公置于道德的冲突之中，并让他们为各自的罪孽苦恼不已，而矛盾的最终解决，并不是道德的胜利，而是情欲的凯旋。在充满着日本传统文化氛围的茶室之中，川端康成借传统茶道表现日本人固有的心理，表现爱与死、生命与虚无等主题创作的意图，此作品中还可以窥见《源氏物语》等平安文学的影响。

菊治对自己与太田夫人的关系，尽管有过"道德上的内疚"，觉得自己好像"笼罩在一层丑恶的黑幕中"脱不开身，但他"既不后悔，也不觉得丑恶"，甚至"可以说，人的道德观念根本就没有发生一点儿作用"。他完全"感受到了一种柔情""常常沉浸在对她的思念之中"。待太田夫人因爱的怨念自杀以后，菊治又在其女儿身上看到夫人的面影并移情于文子。而且太田母女也同样如此，口口声声说自己“作孽”，可是，“一旦堕入另一个世界”，便分不清亡夫、情夫和情夫儿子，只剩下本能与情欲，成了“史前的或者是人类最后的女子”。这种逆伦关系，使川端看到的仅仅是生命的活力，他不以之为丑，反而美化文饰。相比《雪国》,《千鹤》在性爱和官能方面是有些出格的，其原因在于作者偏颇的审美原则：“生命即官能”。一个女人能不受道德禁锢，顺乎“造化之妙与生命之波”，无所牵绊地与众多男人相爱，正是女子生命之美的佐证。

《千鹤》中对于官能和性爱的描写，从本质上说也是受到了日本古代，尤其是促进日本文学形成的“好色”审美意识的影响。不过，川端康成的文学中很少有露骨的性本能和肉欲宣泄的描写，也几乎没有生理上的色情描述。虽然《千鹤》以后的一些创作已经逸出了伦理的框框，冲破了道德的规约，审美与伦理失去了均衡，但是作者更多表现的还是女性情欲的压抑、扭曲和苦闷，这也是事实。相对于既定的社会秩序、世俗的善恶观和道德规范而言，性爱的世界可称作一种“魔界”。尼采有过生命通过意识自救的名言。劳伦斯也指出：文学艺术就是帮助人们结束那种不能反应、不能表达自己感情、不知道自己的感情是何种的麻木状态，也就是强调了一种与科学、伦理相对的审美精神。对于人物及其情感的审美特质还在于：人的心理乃至生活样式在感性自在中找到了足够的生存理由和自我满足。因此,《千鹤》中呈现在读者面前的女性世界,也可以用作者自己所说的“火中显出莲火,爱欲中显露正觉”来概括。用日本文化学者梅原猛的话来说,就是“审美击败了伦理”。

《碧波千鸟》是《千鹤》的续篇,从一九五三年起连载于《小说新潮》。但是,这篇小说仍然没有写完。据说,作者当年在旅馆里写作时,因为采访笔记连同皮包一起被盗,难为无米之炊遂搁笔。他在一九五四年三月和七月将已经发表的《春之眼》与《妻子的思绪》两章弃却,理由是内容显得游离。千鹤是“日本自古以来,工艺、美术、服饰常用的装饰性图案,是日本美的一个象征”。雪子手上拿着绘有千鹤图案的包袱,作者川端康成将其视为美的化身、灵魂的救赎。而这个美的化身却很“不好写”,因此,在《千鹤》这部作品中,仅是一个“远景”,一种向往。川端在心底也怀着憧憬,愿在晨空或夕照中,一睹“白鹤千羽,翩翩飞舞”。虽然在续篇《碧波千鸟》中,雪子成了主角,但着墨更多的还是菊治的“灵魂在地狱中的挣扎”。

川端康成说过:“《千鹤》与《山之声》并没有打算写这么长,照理都应该是短篇。一回就结束。谁知意犹未尽,便一直写了下去。”“事先没有构思。”这样,“每一片段,读者尽可当作独立的短篇来读”。这也是川端康成中长篇小说的一个特点。

谭晶华

二〇二一年十二月六日

图书在版编目（CIP）数据

千鹤/（日）川端康成著；谭晶华译. --长沙：湖南文艺出版社，2023.1

ISBN 978-7-5726-0917-6

Ⅰ.①千… Ⅱ.①川… ②谭… Ⅲ.①中篇小说-作品集-日本-现代 Ⅳ.①I313.45

中国版本图书馆CIP数据核字（2022）第198719号

千 鹤

QIAN HE

［日］川端康成 著 谭晶华 译

出 版 人 陈新文
出 品 人 陈 垦
出 品 方 中南出版传媒集团股份有限公司
上海浦睿文化传播有限公司
上海市巨鹿路417号705室（200020）
责任编辑 吕苗莉
装帧设计 凌 瑛
责任印制 王 磊
出版发行 湖南文艺出版社
长沙市雨花区东二环一段508号（410014）
网 址 www.hnwy.net
经 销 湖南省新华书店
印 刷 深圳市福圣印刷有限公司

开本：787 mm × 1092 mm 1/32　印张：8　字数：139千字
版次：2023年1月第1版　印次：2023年1月第1次印刷
书号：ISBN 978-7-5726-0917-6　定价：52.00元